不動産管理会社の設立・運営・移行

4訂版

JPコンサルタンツ・グループ 編著

日本法令

４訂版にあたって

2020年１月に国内で最初の感染者が確認された新型コロナウイルス感染症も、2023年５月に季節性インフルエンザと同じ５類に引き下げられ、行動制限がなくなり社会経済活動もようやく平常を取り戻しつつあります。

しかし、日本には財政再建や本格的なデフレ脱却に向けた賃金増加など、これから取り組むべき課題も多く残っています。

大きな課題の１つでもある人口の減少・少子高齢化について、2070年には総人口が9,000万人を割り込むことが推計されています。また、日本は世界上位の長寿国として超高齢社会となり、総人口に占める65歳以上の人口割合は、2022年10月現在で約29％でしたが、2040年には約35%、2070年には約39%になると推計されています（厚生労働省HPより）。

働き手が不足するなか、将来受け取る年金が減少すると予想されており、年金の受給年齢を引き上げ、「高年齢者等の雇用の安定等に関する法律」で企業に70歳までの就業機会の確保を努力義務とし、税制で賃上げを促進して年金の財源となる保険料を増やすなど、対策は講じていますが、効果が出ているとはいえない状況です。

年金だけではなく、税制でも居住用区分所有建物の相続税評価の改正、生前贈与加算の３年から７年への期間延長、居住用賃貸建物の消費税仕入税額控除の制限など、不動産オーナーの皆様にとって課税が強化される厳しい改正が続いております。

このような状況で、老後豊かな生活を送るためには自分自身で対策を講じておくことも必要になっています。低金利が続いている現在、銀行等に預けるより、株式・投資信託等の金融商品への投資、運用型の保険加入、あるいは投資用不動産を購入して家賃収入を年金代わりにしている方も多く見受けられます。

今回の４訂版では、相続税・贈与税に関する改正や、不動産の売買等に関する税制改正についても考慮しています。

本書が不動産オーナーの皆様の年金不足を確保すべく、相続対策・検討の一助となれば幸いです。

令和６年６月　編著者

はじめに（初版）

本書の企画打ち合わせのためにJPコンサルタンツ・グループのメンバーと意見交換をした際、不動産オーナーから不動産管理会社を活用した税金対策の相談が増えてきていることを実感しました。多くの税理士に対してこのような相談が増加している背景として次の２点が考えられると思います。

① 小規模宅地の評価減についての規定が改正され、適用要件が厳しくなった。

② 相続税の基礎控除額の引下げや最高税率の引上げなどの改正が行われた。

①は平成22年４月から改正されており、②については平成23年の税制改正案に盛り込まれ話題となりましたが、東日本大震災の影響もあり改正が先送りされ、平成25年税制改正により平成27年１月から適用されます。

小規模宅地の評価減が厳しくなり、さらに基礎控除額まで引き下げられてしまうと、今までの想定以上に相続税額が増加するため、不動産を売却しなければ納税できないといったケースや、これまでの規定では財産評価額が基礎控除額以下のため相続税が課税されずに済んだ人たちが課税されるようになるといったケースが増加することになります。

また、このような相続税に関する改正以外にも、所得税に対する課税も強化される方向にある一方、経営面においては長引く不況により所有不動産の空室が多くなり、家賃を値下げしなければ入居者との新規契約・更新契約ができないというケースも増えてきており、まさに不動産オーナーは強い逆風にさらされている状況にあります。

このように、多くの不安を抱えた不動産オーナーの防衛策として、不動産管理会社を活用した税金対策の相談が増えてきているものと思われます。

近年においては様々な情報がインターネットなどで容易に入手

できるため、不動産管理会社を活用した税金対策は不動産オーナーの間においても一般的になってきています。しかしながら、税金対策になると知ってはいても、自分にとってどの程度の効果が期待できるかについて十分に理解している方は少ないと思います。これは、対策の効果を正しく計算するには不動産オーナー個人の所得税（住民税）や不動産管理会社の法人税（住民税）に対する影響だけでなく、消費税や将来の相続税、さらには不動産の所有にかかる固定資産税や移転にかかる登録免許税、不動産取得税といった複数の税法についての体系的な理解をベースとし、現在だけでなく将来の予測までを加味して計算しなければならないため、このような業務を行える税理士も必ずしも多くはないという事情があるからです。

これらの業務を日常的・専門的に行っている私どもは不動産オーナーの家族関係や本人の意向、所有する不動産の立地や収支に関する情報などを把握したうえで不動産管理会社を活用した対策に関するシミュレーションを行います。

本書は、不動産オーナーやこれから不動産事業を始めようと準備されている方々、そしてそれらの方々に助言を求められる立場にある金融機関・建築・不動産関係者の方々にとって、不動産管理会社を活用することで税金対策としてどのような効果があるのか、その効果を引き出すためにどのようなことを実施し、留意する必要があるのかなどを、わかりやすく説明することを目的として書き上げました。

本書がそのような不動産事業にかかわる多くの皆様のバイブルとしてお役に立てれば幸いに思います。

なお、最後に本書の刊行にあたり、多大なるご支援とご協力をいただきました日本法令編集部の方々に深く感謝いたします。

平成25年３月　　編著者

目　次

第１章　不動産オーナーが抱える悩み

第２章　不動産管理会社設立のメリット・デメリット

第３章 法人事業運営のバリエーション

第４章 事業運営方式の選択と移行の留意点

第5章 会社設立の手順と運営管理の留意点

第8章　近時の相続制度関係の民法改正

第1章

不動産オーナーが抱える悩み

第1章 ここがポイント

✔ 重い荷物を背負い、次世代に引き継がないといけない

「資産が多くあって良い」と思われがちだが、どのように次世代に引き継げばよいのかという義務感にかられ、

・どのように維持管理していけばよいのか

・不動産の活用…自分の選択は、正しかったのだろうか

・資産を放り出せるのであれば、放り出して休みたい

と思っている人が多い。

✔ 固定資産税・都市計画税等の負担が大変

多額の収入があるように見られるが、家計は固定資産税等の租税公課、そして経費の支払い等で資金繰りに終始している現状がある。

✔ 借入金の返済、空室が出るたびにため息が出る

不動産の有効活用は、借入金で賄っているケースが多く、満室の時には気にならなかった借入金の返済が、空室が出るたびに気になり、その都度「こんなはずではなかった」とため息が出てくる。

✔ 農業の後継者がなく、遊休地をどうしたらよいか悩んでいる

農家は後継者不足である。後継者が不在のため、広い農地が遊休地となっているケースが多い。このまま高齢化していくと耕作ができなくなってしまう。この後どうなってしまうのだろうかと不安がつきまとう。

✔ 不動産の有効活用を行ったが……

有効活用を行い収入は増えたが、所得税、消費税、事業税等の納税額が増え、また借入金の返済もあり、現金はほとんど手元に残らなくなってしまった。どうしたらよいのか悩んでいる。

✔ 先代、先々代名義の不動産がそのまま残っている

先代、先々代名義の不動産がそのままになっていることは承知していても、手続き（相続人全員の印をもらう等）が面倒だということで、名義変更を先延ばしにしているケースがあり、いざという時に処分等ができない。

✔ 不動産の有効活用のアドバイスを受けたが、何を選択してよいかわからない

「遊休地を有効活用しませんか？」多くの不動産活用の話しをもちかけられるが、どれを選択してよいかわからず、また相談できる人もなく、苦悩の日々を送っている。

✔ 相続税に対する不安が多い

・遺産分割が困難

・突然の死、相続財産の把握が困難

・「個人」のお金かそれとも「家」のお金か帰属が曖昧

・相続税があまりにも高額

・相続税の税務調査で家族名義預貯金を相続財産と認定される

・相続対策を行ったが、その方向性が見えない　等

✔ 専門性を重視して税理士を選ぶ

税理士は、会社の決算、所得税の確定申告を業としている。しかし、相続税は特殊な分野でありほとんどの税理士は、相続税の申告経験が少ない。

相続税申告、相続対策は相続を専門に行っている税理士に依頼したほうがよい。

第1章

不動産オーナーが抱える悩み

多くの不動産オーナーと呼ばれる方々の相続対策・相続税申告・所得税確定申告のお手伝いをしていると、オーナーの方たちが様々なことで悩んでいると実感します。

本書では、そのオーナーの方たちが日々どのような悩みを抱えているか、読者の皆さんと共有したいと思います。

1　重たい荷物を背負い次世代に引き継がないといけない

「不労所得（働かないで得ることのできる所得＝例えば、不動産所得、利子所得、配当所得等）は、労働の対価ではないので、事業所得や給与所得よりも高い税率で課税すべきである。」税制改正の中で、このようなことが議論されたこともあったようです。

しかし、今、多くの不動産オーナーは悩んでいます。

「どうやって、維持・管理していけばよいのか」と。

不動産オーナーの所有する不動産の多くは、先祖より引き継いだものが多く、次の世代である子や孫にそのまま（引き継いだ時よりも減らさない状況で）引き継ぎたいと思っています。そのため、どうやって維持・管理をし、どうやって守っていったらよいのか、日夜、苦悩しているのが本当の気持ちです。

「お宅はいいわよ。こんなに不動産があって、何もしなくても暮らしていけるでしょう。サラリーマンは大変よ。どうやったら日々を暮らしていけるか考えているの！」

奥様同士の会話の中で、このようなことは日常茶飯事のようです。確かに、大きな庭のある家に住んで、いくつかの賃貸マンション・賃貸アパートを経営しているという外見だけでは、羨ましく思えてしまいます。

実情は異なります。

湖を優雅に泳いでいる白鳥ですが、水面下の足はずっともがき続けています。この白鳥と同じように水面下で、もがき続けているのが不動産オーナーの実態ではないでしょうか。

少子高齢化の時代に突入し、賃貸不動産に空きが出てきているのが現状です。

自分の選択は正しかったのだろうか？

不動産オーナーはこのように、自問自答する日々が続いていることだろうと思います。

聖書に「すべて、疲れた人、重荷を負っている人は私のところに来なさい。私があなたがたを休ませてあげます。」という言葉があります。放り出せるものであれば、放り出して休みたい。これが不動産オーナーの本音ではないでしょうか。

2 固定資産税・都市計画税等の負担が大変

「土地は誰の物か」

このような議論があります。私は、土地は国家の物だと思っています。

民法では、所有権や占有権という権利を定めています。土地は所有者を定め、所有権を認めていますが、所有権というのは実際は、土地を使用する権利なのではないでしょうか。

土地を国家や地方自治体から借りているため、その使用料として支払っているのが固定資産税や都市計画税だと思います。

便利な土地、利用頻度の高い土地の賃料が高いのと同様に、固定資産税も高くなっています。そして、さらに使用頻度の高いところは、都市計画税という名目でさらに課税をしています。

今、市街地再開発事業や土地区画整理事業により土地をリフレッシュする作業が行われています。昔、山林や田畑だったところが、きれいな街路を形成し、生まれ変わっていきます。その中で減歩が行われ従来の土地の面積は、約半分になってしまいます。

しかし、固定資産税はウナギ登り、従来の数千円だったものが数十万、面積によっては数百万円になるケースがあります。

今までは、土地を遊ばせておいても気にならない程度の固定資産税でしたが、市街化区域の宅地として課税され、遊ばせておいてはとても払うことのできない納税額になります。

固定資産税・都市計画税が数百万円、時には数千万円という不動産オーナーがいます。この額は、サラリーマンの給料では、とても払いきれません。

そこで有効活用を考えます。

収益が上がるようにと有効活用を考え建物を建てます。そうすると、建築した建物にも固定資産税や都市計画税が課税されます。有効活用の結果、固定資産税や都市計画税はさらに多額になっていきます。

大きな自宅敷地、多くの賃貸物件、高額な所得税・住民税・事業税・固定資産税等のため、家の中は資金繰りに追われる日々という現状を多くの不動産オーナーにみることができます。

3 借入金の返済、空室が出るたびに出るため息

多くの不動産オーナーは、賃貸用の建物は借入金で行っています。

それは、レバレッジの効果を期待してのことです。

１億円を年２％の利率で借り入れたとしても、運用が年８～10％であれば、基本的には借入れを行う効果はあります。

建築会社が提案する建築物件の収支明細の予定をみると、このようにかなり高い割合で効果が認められ、借入金は楽に返済でき、家計に回せる資金も潤沢な内容となっています。

しかし、この収支明細の予定どおりにいっていないのが、現状のように思われます。

ある一定期間は、収支明細予定表どおりいっているのですが、10～15年経過した頃になると収支明細予定に陰りがみえてきます。

従来、不動産による収入は不労所得と考えられてきました。土地の上に建物を建て、後は、不動産屋さんに任せておけば、それなりの収入は確保できる、不動産オーナーは遊んでいても暮らしていける、そのような時期もありました。

しかし今、不動産の賃貸は、「事業」と考えなければなりません。事業ですので、収益性と継続性が求められます。

今、不動産賃貸業では、「15年目の危機」という言葉があります。

建物の修繕が出始め、かつ、入居者に何回かの入れ替えがあり、その次の入居が芳しくなくなるのです。借入金の返済は収入の60％位が目安とされています。

満室のときには気にならなかった返済金の支払いが、空室が出てくると、非常に気になってくるようです。

サブリース契約を結んでいるので安心だという人がいます。し

かし、サブリース契約は収入金額の保証まではしていません。2年に一度位の割合で賃料の見直しがされているからです。

そのうえ、修繕費の負担も大きくなってきます。

空室が出てくると、つい、ため息をついてしまいます。

アパート経営やマンション経営は、誰のために行っているのかなと妙な勘繰りをしてしまうのも、この頃です。

4 農業の後継者がなく遊休地をどうしたらよいか悩んでいる

市街地に多くの農地を有している人が、後継者がいないためどうしたらよいか（農業を継続すべきかどうか）で悩んでいます。後継者がいれば農業経営に力を入れ生産緑地や相続税の納税猶予を活用したいと思いますが、それもできない状態です。ほとんどの農家では、子供、孫はいても、誰も継がず、広い農地が遊休状態になっています。

カロリーベースで日本の食料の自給率は、約40％です。もし、外国が食糧封鎖を行ったとしたら、日本ではかなりの餓死者が出るのではないでしょうか。

このことは、誰もがわかっていることと思います。

農業は生活していくうえでとても大事な産業です。しかし、そうは言っても、農業だけでは生活していけないのが現状です。

米1俵が平均で約15,000円、1反歩《たんぶ》（300坪）あたり8俵の米がとれるとしても、12万円にしかなりません。仮に、2町歩《ちょうぶ》（6,000坪）の田があったとしても、240万円の収入にしかなりません。

これでは、誰も農業を承継したいとは思いません。

今、農業に従事している人の平均年齢は、60歳を超えているといいます。あと何年農業を続けることができるのでしょうか。

毎年、毎年１歳ずつ、年を重ねていきます。この後、誰も農業を行わなくなったら、この農地はどうなってしまうのでしょうか。

農地は、「生産緑地の手続き」をしていれば、固定資産税・都市計画税の負担は、それほどではありませんが、生産緑地でない「市街地農地」では、かなりの額になってきます。

だんだんと衰えてくる体力と固定資産税・都市計画税の負担、都市農家の人の悩みは尽きません。

農地を切り売りして、生活費を捻出している人も見受けられます。しかし、先祖伝来の農地を手放すということは断腸の思いでしょう。

近所や親せきでバブルの頃に賃貸マンション・賃貸アパート事業を始めた人がいます。これらの人が、今までの蓄えを借入金の返済に充てている様子を見ると、有効活用を考えるにも重い腰を上げられずにいます。

どうやって、先祖伝来の土地を守っていったらよいのか……。

農家の人の悲痛な叫びが聞こえてきます。

5　不動産の有効活用を行ったが所得税・消費税・事業税の納税額が増え、手元にお金が残らない

このままではどうしようもないと、不動産の有効活用を行う人が多くいます。

建築資金は、借入金でというのが一般的です。しかし、借入金は必ず返さなければなりません。

借入金の返済方法は、「元利均等方式」と「元金均等方式」の２つの方式があります。

実際に返済していても、借入金元本の返済は経費にはなりませ

ん。建物相当額については、減価償却ということで経費として計上はできますが、借入金の返済のうち経費になるのは、利息相当額だけです。

建物の減価償却費と返済元本が同額である場合には、大きな問題は生じませんが、減価償却費よりも返済金額が上回った場合には、キャッシュ・フローに問題が生じてきます。

所得税の計算における損益計算より実際のお金の支払いのほうが多くなってくるからです。

所得が増えれば当然に所得税・住民税の納税額は増えていきます。また、ある程度の規模を超えると事業税の納税も必要になってきます。

また、インボイス制度の導入により今まで消費税の免税事業者の方にも影響がでてきています。

約20年前までは、高額納税者の公示制度がありました。納税額で1,000万円超の人は、高額納税者として所得番付の対象者となるのです。毎年、この公示対象者となっている不動産オーナーの実生活をみてみると、数字と手元に残る現金の間にかなりの差があり、家の中は自転車操業に近い状態でした。

6　先代、先々代名義の不動産がそのまま残っている

不動産オーナーの相続税の申告の依頼をされるなかで、不動産の一部に先代、先々代名義の不動産を見ることがたびたびあります。不動産所得の申告は当主の名義で行っていますが、不動産の名義は先代、先々代の名義のままです。

私が担当させていただいた事案で、遺産分割の対象となる人が39人というのがありました。それぞれの住所は、北は北海道か

ら南は静岡まで分かれており、すべての印をもらうまでに３年半かかりました。

20人くらいまではお礼も少なくて済みましたが、それ以降は高額なハンコ代を要求され、最後の一人は会ってもらえず、調停という司法の力を借りて、やっと名義を変えることができました。

このように、先代、先々代名義のままでいると、有効活用や処分に支障をきたす場合が多くあります。相続の時や何かのきっかけを作り名義変更をすることをお勧めします。

先代、先々代名義のまま、名義変更されていない場合は、何らかの原因が根本にあるような気がします。しかし、面倒だということで先延ばしをしていると後々もっと大変なことになってしまいます。中途半端な状態で所有しているよりも、売却してそれぞれの相続分に応じて換金してしまうということも十分に可能です。もう一度、名義がどうなっているのか、見返す必要はあると思います。

なお、法律改正により不動産の相続登記は義務化されています。過去に相続した不動産も対象になりますのでご注意ください。

7 不動産有効活用の提案を受けたが何を選択してよいのかわからない

日本は、超高齢社会の時代を迎え、不動産建築業者も会社の生き残りをかけ、必死の営業を行っています。

賃貸マンション・賃貸アパートから事業用の定期借地権やサービス介護付き高齢者賃貸住宅、そして老人ホームが現在の主流となっているようです。

このように、不動産の有効活用の方法も大きく変わってきています。

そして、限られた不動産に有効活用は集約され、同じ物件に何社もの業者からの提案が寄せられてきます。１つだけの提案であれば、「やる」か「やらない」かの判断だけなのですが、いくつもの提案をされると、「やらない」のほかに、「やる」としたら「どれを選択」したらよいかという複数の判断が求められてしまい、どうしたらよいのかわからなくなってしまっている人も多くいます。

事業用定期借地権として土地を貸す場合は、まず「貸すかどうか」と「貸す場合、賃料をいくらくらいにするか」の判断となります。

しかし、例えば、老人ホームの建設となると、総額で５～６億円の負担が求められ、借入金の返済期間も30～35年と長くなってしまいます。そうなると、次世代、次々世代までも負担が及び、現役オーナー１人ではなかなか決断が下せないという状況に陥ります。

借入金に慣れている人であれば、それほど負担には感じないかもしれませんが、慣れていない人は、数億円の借入金があるというだけで、精神的に非常に重い負担を感じてしまいます。

限られた不動産は、優良な土地ですので、当然に固定資産税や都市計画税も高額となり、何かをしなくてはならないと思いつつも、どうしたらよいのかよくわからないと、日々悶々としている人が多くいます。

8　不動産オーナーが抱える相続税に対する不安

(1)　遺産分割が困難になっている

今、相続は多くの人の関心事となっています。相続人には法定相続分があるということをほとんどの人が知っています。

相続税の申告依頼を受けて、相続財産額を確定させ、その内容を伝え、遺産分割の話し合いをしてもらうと、全体の３～４割の人が法定相続分で分割して欲しいという要望が入ります。

後継者となる人は、他の相続人に対しハンコ代として100万円くらい支払って終わりにしたいと思っている人も多いと思います。このように相続人の間に大きな隔たりがあるケースが多くみられます。

このような場合、ほとんどと言っていいほど、話はまとまりません。話がまとまらない場合は調停、審判、裁判へと進んでいきます。

１度だけの人生、限られた人生の中で、貴重な時間をこのような遺産の分割争いに費やしてしまうということは本当にもったいないことだと思います。このような無駄な争いを避ける方法としては、やはり、「遺言書を残しておくこと」が最良の方法だと思います。

遺言書は、大きく分けて３つあります。

「自筆証書遺言」、「秘密証書遺言」、「公正証書遺言」です。

一般的に作成されている遺言は、「自筆証書遺言」と「公正証書遺言」の２つですが、お勧めは、「公正証書遺言」です。自筆証書遺言は、気軽にいつでも書くことができますが、遺言は法律に定められて一定の要件をクリアしていないと無効になってしまいます。

ここ２年くらいの間に20通近い自筆証書遺言を見てきましたが、そのうちの半分（10通）は、無効でした。せっかく自分の気持ちを書いたつもりが、一定の要件のいずれかを欠いていたために無効となってしまったのです。これでは遺言書を作成した意味がなくなってしまいます。

遺言を書くのであれば「公正証書遺言」をお勧めします。

近年信託を活用して相続対策を行うことができるとして脚光を浴びています。家族の財産管理や事業承継は家族や周囲の人々で行えるのが民事信託です。

公正証書遺言と民事信託をあわせて行うことにより相続対策はより強いものになるといわれています。

(2) 突然の死、相続財産の把握が困難

各家庭は様々です。

財産の管理を奥さんがすべて行っている場合や、逆にご主人がすべて行っている場合もあります。

また、人間の死という事実も様々です。

ある有名な高僧がおめでたい席で、「親が死に、子が死んで、孫が死に」と詠ったという話を聞いたことがあります。これは、「自然の摂理、順番どおりに迎えに来てもらうのが、一番の幸せである」として詠ったものとして有名です。逆に、この順番どおりでない場合もあります。

財産の管理を怠っていたため財産の把握が難しく、突然の死に対応できない場合が、時々見受けられます。

相続の発生による名義変更手続は、細かく60種類もあるといわれています。この60種類もの手続きを、1日1つずつ行ったとしても60日かかってしまいます。

まして、不動産オーナーのような資産家の方々は、相続税の税務申告が必要になります。相続税の税務調査で申告漏れを指摘された場合、原則として10%の過少申告加算税と延滞税が課税されます。

これらは無駄な税金です。

できるのであれば、相続税の申告は期限内にきちんと申告し、申告漏れのないようにしたいものです。

(3) 個人のお金？　家のお金？

不動産オーナーの中には、現金や預貯金はすべて○○家のもの、個人の財産ではないという認識の人がいます。多額の預貯金のすべて（名義的には分けられている）について同一の印鑑を使用しているケースもあります。

所得税の税務申告においては、青色事業専従者給与を支払い、源泉徴収をし経費としていても、預貯金の管理において同一の印鑑を使用していると、各個人の財産としての特定が難しくなります。各個人の財産としての特定が難しい場合は、収入按分等の方法により各個人の預貯金を特定するしか方法はありません。

相続対策の１つとして、贈与税の非課税規定を適用する方法があります。

相続税法第21条の３は、贈与税の非課税財産を定めています。その第１項第２号において、「扶養義務者相互間において生活費又は教育費に充てるためにした贈与により取得した財産のうち通常必要と認められるもの」と規定されています。この規定を適用するには、各個人の資産（特に預貯金）が明確に区分されている必要があります。

確かに、不動産からの収入ですので○○家のお金には違いはありませんが、このような非課税規定の適用を受けるためにも、各個人のお金であることを明確にしておく必要があります。

(4) 相続が発生し、相続税があまりにも高額であった

相続が発生し、相続税の総額を伝えると、「そんなに高額だとは思わなかった」、とため息をつかれる場合があります。

本来、相続税は現金で一括納付するのが原則ですが、「延

納」、「物納」という制度もあります。バブルが終焉してから、平成18年3月末日までは「物納」がわりと多くありました。しかし、同年4月1日からは物納制度が厳しくなり、納税を物納でということは少なくなりました。

不動産オーナーの収入状況によって異なりますが、ある程度の所得があると「納税は物納ではなく、延納（分割払い）にしてくれ」と言われるケースが多くなっています。

相続税はある意味で隠れた借金です。

通常であれば、自分の借金が今どのくらいあるのかは把握しているのが普通です。しかし、相続税となると、今、相続が発生したらどのくらいの相続税が課税されるのか把握されていないのがほとんどです。相続税がいくらくらいかは、相続財産の棚卸を行えば、判明します。相続税はどのくらいで、どのような方法で支払うのか、現状で支払うことが可能かどうかを検討し、もう少し相続税を少なくしたほうがよいと判断された時には、具体的な対策に入っていきます。

相続財産の棚卸は、相続対策の第一歩です。

(5) 相続税の税務調査で家族名義預金が相続財産と認定された

前記(3)とも関連しますが、各個人の預貯金の帰属が曖昧な場合は、名義預貯金と判断され、相続財産に加算されるケースが多く発生します。相続税の税務調査に選定される一番多いケースは、多額の家族名義の預貯金がある場合です。

税務署では家族名義預貯金の蓄積過程までは把握できていないと思いますので、家族名義預貯金が多いだけで調査選定されてしまいます。そして、家族名義預貯金の蓄積過程を調査することになります。

家族名義預貯金が各家族の固有の財産と説明ができればよい

のですが、そうでない場合は、あくまでも、被相続人の名義預貯金と判断されてしまうと思います。

家族名義の預貯金については、贈与された財産なのか、家族の名義を借りた財産なのかで取扱いは変わってきます。

「贈与は、当事者の一方が自己の財産を無償で相手方に与える意思を表示し、相手方が受諾することによってその効力を生じる。」と民法第549条で定めています。

この規定でわかるとおり、贈与は、贈与する側と贈与される側の意思の一致が条件とされています。

通常の経済取引は、利害関係からある程度名義が尊重されますが、贈与は親密な家族関係の中で行われています。そのため、名義だけでなく状況証拠も判断の資料となります。印鑑はどのようなものを使っていたか、管理運用はどうしていたか、というところまで確認したうえでの判断になります。

相続税法第36条において、贈与税の更正・決定の期間制限の特則が定められています。

これによると、通常の贈与の除斥期間（一般的には時効といわれています）は6年、偽りその他不正の行為に基づく贈与の除斥期間は7年とされています。

しかし、この規定が適用されるのは、贈与が行われていた場合です。したがって、贈与ではなく名義を借りていたものと判断されるような場合は、この規定の適用はありません。

(6) 相続対策を行っていたがその方向性が見えない

バブル以前から不動産オーナーの中では、相続対策を行っていた人がいます。

しかし、その対策に方向性が見えない場合があります。

同族法人の後継者は決まっているのに、同族会社の株式を相続人全員に同額で贈与しているケースや、A土地は長男に、B

土地は二男に、C土地は三男に相続させたいと思っていながら、各土地を相続人全員に平等で贈与しているケースがあります。確かに、贈与を行ったことで相続税を減少させる効果はありましたが、同族法人の後継者にとって、兄弟が株主として同数の株式を持っているということは、会社経営上は非常にやりにくいと思います。

また、土地の贈与においても、A土地は長男1人の名義にすべきものが他の相続人の名義も入っていることになると、将来もめる可能性が出てきます。

やはり、相続対策を行う場合には、将来の青写真を描いて実行すべきと思います。

9 専門性を重視して税理士を選ぶ

現在、税理士は約80,000人いるといわれ、税理士事務所（税理士法人を含む）は、全国に約30,000あるといわれています。もし、相続が起こった場合、どの事務所に依頼しようかと悩むでしょう。税理士事務所によっては、法人に強い事務所、個人に強い事務所等様々です。

例えば、時価10億円の不動産があったとします。相続税における不動産の評価をした場合、事務所によっては、評価額に1～2億円の差が出ることは珍しくありません。相続税にすると、5,000万～1億円くらいの差が出てしまうこともあります。

また、遺産の分割方法や、2次相続対策、生前対策等においても格段の差が生じてしまうこともあります。税理士を選ぶ際は、その税理士が相続税について本当に詳しいのか、年間どのくらい相続税申告を行っているのか等、専門性を判断することも非常に重要になってきます。

第２章

不動産管理会社設立の
メリット・デメリット

第2章 ここがポイント

☑ 毎年の所得税を減らす

不動産オーナーに集中している毎年の所得を分散。

☑ 相続税を減らす

オーナーの毎年の所得を分散することで相続財産を減らせる。

☑ 法人税、所得税、相続税の税制をフル活用する

１つの税制ではなく、３つの税制をトータルに考えないと本当の対策とは言えない。

（１つの税金だけを減らしていても他の税金が増えている可能性がある）

☑ 不動産管理会社を活用し、大きく節税

単純に贈与や青色事業専従者給与を支払うより、バリエーション（選択肢）が増える。

全体の納税負担を大きく減らしていく。

✔ 不動産管理会社を作ったほうがよいかの判断

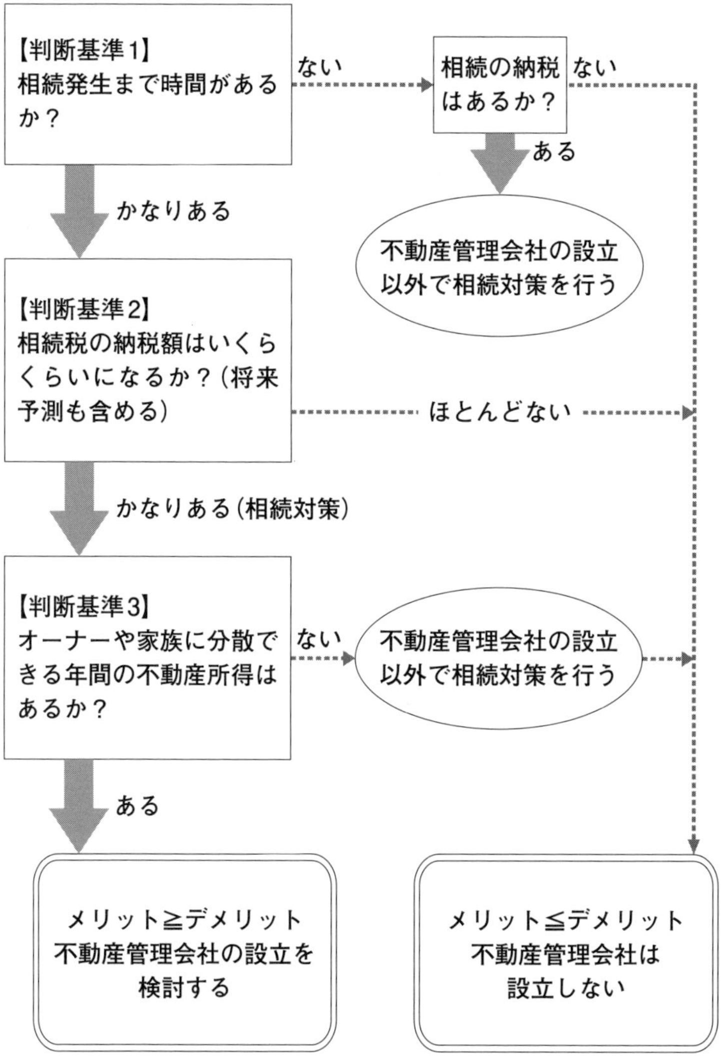

第2章
不動産管理会社設立のメリット・デメリット

第１章において、不動産オーナーと呼ばれる方々に共通して下記のような悩みがあることがわかりました。

１．先祖から引き継いだものは、子や孫にそのまま（引き継いだ時よりも減らさない状況で）引き継ぎたい
２．租税負担が大変（固定資産税・都市計画税・所得税・住民税・事業税）
３．借入金の返済・経年化による空室の発生
～少子高齢化時代から人口の減少による店子の減少
４．後継者がなく、遊休地をどうしたらよいか
５．不動産の有効活用を行ったが手元にお金が残らない
６．先代、先々代名義の不動産がある
７．相続税に対する不安

これらの悩み全体を眺めてみると、不動産オーナー単独の悩みだけではなく、不動産オーナーの「家」、「一族」あるいは「親族」全体でとらえて検討しないと解決しないものであることがわかります。

そこでまず、不動産オーナーの所得課税にかかる税負担の軽減を図り、将来発生するであろう相続の節税、長期経常的な不動産

収入の確保、ひいては、子・孫へ円満に事業を継承させていく対応策を検討する必要があります。

不動産オーナーから「不動産管理会社を作ったほうが得って聞いたのだけれど、どうですか？」などという質問を受けることがよくあります。

その際は、その方の不動産所有の状況をきちんと把握し、個人の事業所得・不動産所得、さらには相続税のシミュレーションをして不動産オーナーとその親族の所得税、住民税、消費税、設立した会社の法人税・法人地方税、消費税、将来発生する相続税を総合的に検討したうえで判断していきます。過去に質問をいただいた方の事例をみると、不動産管理会社を作った場合のメリットが、デメリットをかなり上回り、節税につながったというケースのほうが多いように見受けられます。“この判断基準のポイントはどこにあるのか”ということを中心に不動産管理会社設立のメリット、デメリットについてみていきたいと思います。

1　不動産管理会社設立のメリット

不動産管理会社を作ることで、不動産収入から管理料等を法人に支払い、法人は役員等に就任した配偶者や子供等親族に報酬を支払うことにより、不動産オーナー自身に集中していた所得を法人や親族に分散することができること、これが不動産管理会社設立の最大のメリットです。つまり各種税制のしくみを活用し、一族全体の税負担（所得税・法人税・消費税・地方税）を少なくするとともに、不動産オーナーの資産の増加を抑えて親族の資産にシフトして相続税の節税につなげていくことができます。

毎年の所得課税（法人税・所得税・消費税）に対する節税のイメージ

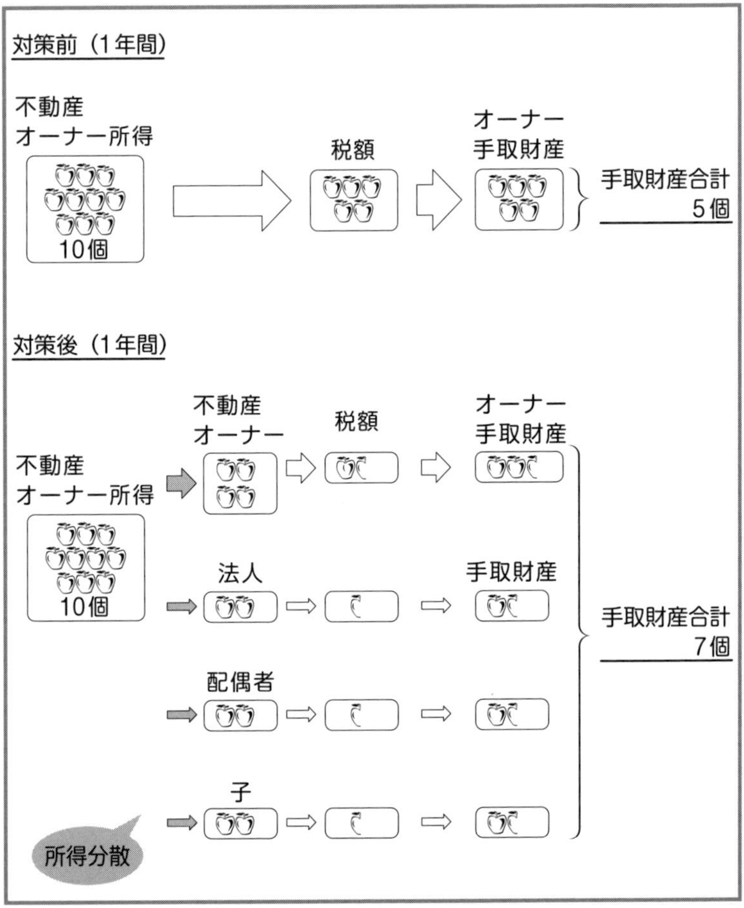

オーナーは節税対策以前からの所有財産に加え、所得の増加によりさらに相続財産も増えることになります。

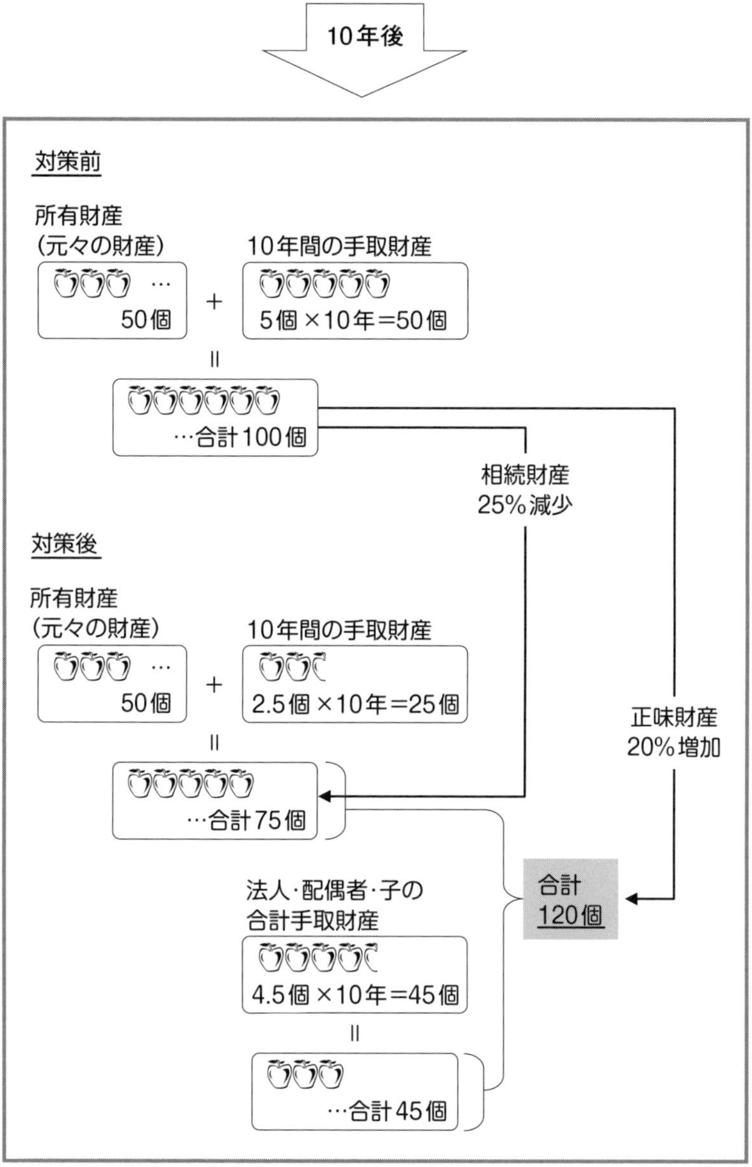

仮に10年後、オーナーに相続が発生した場合…

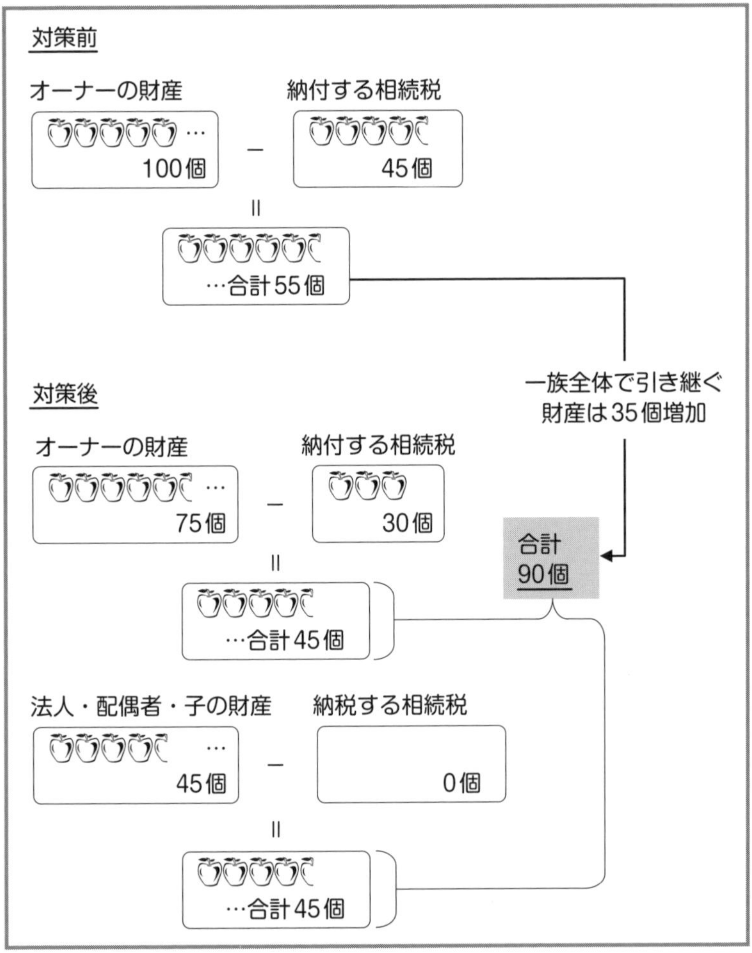

節税対策をした場合には相続財産が減少することにより相続税額も減少して、一族全体で引き継ぐ正味財産は増加することになります。

2 なぜ節税になるのか？

不動産管理会社を設立して、不動産オーナーに集中していた所得を相続人や法人に分散することで、不動産オーナーの超過累進税率による高い税金を税率の低い相続人や会社へシフトすることになり毎年の税金が減少することとなります。その結果、不動産オーナーの相続財産の増加を抑えて次世代の者へ財産をシフトすることとなり、相続税の節税と納税資金の確保にもつながってくるのです。

(1) 個人の税率の違い（オーナー所得税率＞相続人所得税率）

個人の税率については、超過累進課税となっていますので、高額所得者ほど納税負担は大きくなっていきます。不動産オーナー個人の高い税金を下げるためには家族への所得の分散が有効です。

個人概算税額（税率）比較表

（単位：万円）（万円未満四捨五入）

	個人（所得税・住民税・事業税）不動産貸付事業的規模（事業税５％あり）		個人（所得税・住民税）不動産貸付事業的規模でない場合や給与所得者	
課税所得	概算税額	概算税率	概算税額	概算税率
200万円	40	20.2%	30	15.2%
300万円	66	21.9%	51	16.9%
500万円	134	26.7%	109	21.7%
1,000万円	330	33.0%	280	28.0%
2,000万円	832	41.6%	732	36.6%
3,000万円	1,389	46.3%	1,239	41.3%
5,000万円	2,560	51.2%	2,310	46.2%
1億円	5,600	56.0%	5,100	51.0%

（注１） 個人の不動産貸付が事業的規模かどうかは、社会通念上事業と称するに至る程度の規模の貸付を行っているか（実質基準）、形式基準として建物であれば５棟以上、部屋数であれば10室以上の貸付をいいます。

（注２） ここでは簡便的に事業税の控除290万円と青色申告特別控除、所得控除の合算控除を290万円として計算しています。

（注３） 事業税の経費算入は考慮していません。

①　家族に給与を支払う

家族に給与を支払って所得を分散する方法には、次の２つがあります。

⑴　不動産管理会社を通じて配偶者や次世代者へ給与を支払う方法
⑵　不動産オーナーからダイレクトに、青色事業専従者あるいは給与として直接配偶者や次世代者へ給与を支払う方法

これは個人の超過累進税率（個人概算税率）の違いによる差と、家族に給与を支払うことで不動産オーナーにかかっていた事業税が家族の給与所得にはかからないこと。さらに、家族それぞれが給与所得控除(注１)や所得控除（基礎控除）の適用があり、会社の役員であれば小規模企業共済掛金控除(注２)も引けるので課税所得が低くなり、全体の支払税額が減少するものです。

（注１）　給与所得控除額は、次に掲げる『給与所得控除額の速算表』による金額であり、みなし経費としてこの金額が課税されない金額になります。

【給与所得控除額の速算表】（令和６年分）

給与等の収入金額		給与所得控除額
	55万円まで	全額
55万円超	162万5,000円以下	55万円
162万5,000円超	180万円以下	収入金額×40％－10万円
180万円超	360万円以下	収入金額×30％＋８万円
360万円超	660万円以下	収入金額×20％＋44万円
660万円超	850万円以下	収入金額×10％＋110万円
850万円超		195万円（上限）

（注２） 小規模企業共済とは、個人事業主や中小企業の役員のための退職金制度で全額が所得控除の対象となります。また、国民年金と異なり、本人が死亡した場合は支払った掛金は相続人に戻ってきます。

課税される所得金額	加入前の税額	加入後の税額	加入後の節税額	減税割合
	所得税＋住民税(均等割含む)	掛金月額７万円(年84万円)	(a)－(b)	(年間84万円に対する減税割合)
200万円	309,700円	180,200円	129,500円	△15.4%
400万円	785,300円	544,000円	241,300円	△28.7%
600万円	1,393,700円	1,138,100円	255,600円	△30.4%
800万円	2,034,300円	1,753,000円	281,300円	△33.5%
1,000万円	2,806,000円	2,439,000円	367,000円	△43.7%

それでは、「(イ)不動産管理会社を通じて配偶者や次世代へ給与を支払う方法」についてみていきましょう。

例2－1

前　提

・不動産オーナーがしていた管理を不動産管理会社に委託する
・家族である配偶者や長男が、他に所得がない場合

給与を支払わない場合

不動産収入	5,000万円
経　　　費	3,000万円
差 引 所 得	2,000万円

差引所得2,000万円 →

	課税所得	税額
不動産オーナー	2,000万円	832万円
合計	2,000万円	832万円

課税所得：2,000万円×概算税率：41.6%
＝税額：832万円

課税所得：358万円減少
税　　額：237.6万円減少

給与を支払う場合

不動産収入	5,000万円
経費(管理料以外)	3,000万円
差引所得	2,000万円

管理料500万円 → 不動産管理会社
給与200万円 → 配偶者
給与300万円 → 長男

	課税所得	税額
配偶者	36万円	5.4万円
長　男	106万円	16万円
不動産オーナー	1,500万円	573万円
合計	1,642万円	594.4万円

差引所得：2,000万－管理料500万＝1,500万円

上記計算式

	給与収入－	給与所得控除額－	所得控除額(注1)	＝課税所得×	概算税率＝	税 額
配偶者	200万円	68万円	96万円	36万円	15.105%＝	5.4万円
長　男	300万円	98万円	96万円	106万円	15.105%＝	16万円
不動産オーナー	0円	0円	0円	1,500万円	38.2%＝	573万円
				合計1,642万円		合計594.4万円

⇩

課税所得358万円減少

（注1）所得控除額は基礎控除額の48万円と小規模企業共済掛金控除48万円の計96万円として計算

では、不動産オーナーが個人事業者として、ダイレクトに青色事業専従者あるいは給与として直接配偶者や次世代者へ支払う方法と、上記のように不動産管理会社を通じて給与を支払う場合とどう違い、どちらの方法が有利なのでしょうか。

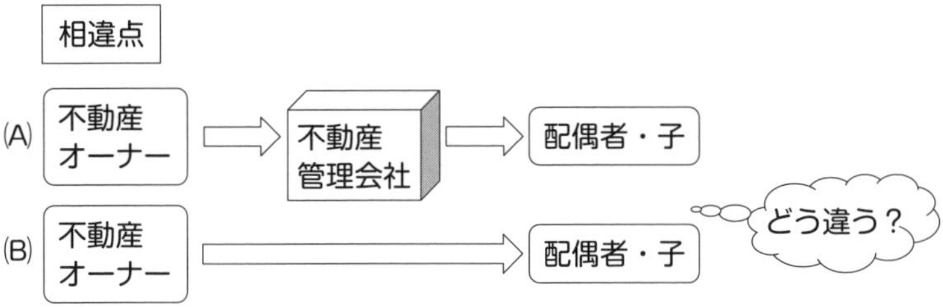

会社形式にすることで、給与を支払うこと以外の法人のメリットも後述しますが、ここでは給与にしぼって相違点を把握し、どちらが有利か判断します。

(A) 不動産オーナーが直接、配偶者や次世代者へ給与を支払う

(i) 生計を一にする家族に給与を支払う場合 ➡ 青色事業専従者給与

ⓘ 青色事業専従者給与を受ける場合は、あらかじめ届出の提出が必要です。

1　青色事業者専従者給与

専従者の氏名	続柄	年齢 経験年数	仕事の内容・従事の程度	資格等	給料		支給期		昇給の基準
					支給期	金額（月額）	賞与	支給の基準（金額）	
		歳 年				円			

ⓘⓘ 青色事業専従者は、名称のとおり他に仕事を持っていてはいけません。あくまでもこの事業に専従していなければならないのです。

ⓘⓘⓘ 事業をしているのはあくまでも不動産オーナーであるた

め、青色事業専従者に支払う給与の金額は社会通念上、その働きに応じて妥当であること、つまり外部に頼んだ場合に支払う金額と同じくらいの金額を給与として支払うのが限度ということになります。

ⅳ　不動産の貸付を事業的規模で行っていることが必要です。

ⅴ　青色事業専従者として給与の支払いをする場合、不動産オーナーは青色事業専従者の扶養控除や配偶者控除は受けられません。

(ⅱ)　生計を別にする家族に給与を支払う場合 ➡ 給与

生計が別の場合、他に仕事を持っているケースが多く、休みにしか不動産管理の仕事に従事できないような場合には、給与として相当かどうか前項(ⅰ)ⅲと同様の判断が必要になります。

(B)　法人（不動産管理会社）から配偶者や次世代者へ給与を支払う場合

(ⅰ)　法人経営を行っているのであれば、法人を経営している者が他に会社や職業を持っていても問題はありません。また、法人事業を行っているのは経営者であるため、法人所得の中で給与額を決めていく幅は、経営の範囲内で個人事業者からもらう給与と比較して大きくなっていくものと思われます。

(ⅱ)　給与の支払いをしても支給額が103万円以下の者については、不動産オーナーは扶養控除や配偶者控除が受けられます。

(ⅲ)　配偶者や次世代者へ所得の分散をする以外にさらに、法人に分散するという対策をすることができます（P47参照）。

結　論

　不動産オーナーが、ダイレクトに青色事業専従者給与や給与を出すだけでも効果はありますが、所得が高額になれば、思い切って法人を作ったほうがより大きな効果が得られます。

管理料等について

　ここまで会社や家族に財産をシフトすることによる対策をみてきましたが、よく税務当局と問題になるのが「管理料」です。つまり、不動産オーナーの税金の軽減を図るために、不動産管理会社にいきすぎた管理料を支払った場合、適正な管理料を超える部分については経費としては認められず、トラブルの原因となります。

　いきすぎた管理料として認定されないため、管理業務の内容および修繕費や共益部分の費用をどちらで負担するのか業務内容を明確にし、その業務や費用に応じた管理料について地域の不動産管理料等の相場を参考にし、契約者や管理事務連絡等を文章として残しておくことが大切です。

⑵　個人と法人の税率の違い（オーナー所得税率＞管理会社法人税率）

前記⑴で個人の超過累進税率の違いをみてきましたが、ここでは個人と法人の税率の違いをみていきたいと思います。下記の概算税額（税率）比較表より単純に課税所得に税率をかけていくと、個人事業税がある場合には500万円を超えるくらいから法人のほうが支払う税金が少なくなっていくことがわかります。

家族に給与を支払わない場合には、不動産オーナーが単独で納税するより法人に納税させたほうが単純に税金は低くなります。

概算税額（税率）比較表

（単位：万円）（万円未満四捨五入）

	個人（所得税・住民税・事業税）事業的規模（事業税あり）		法人（法人税・市県民税・事業税）		税金差額
	不動産オーナー		不動産管理会社		
課税所得	概算税額	概算税率	概算税額	概算税率	
200万円	40	20.2%	45	22.6%	△5
300万円	66	21.9%	68	22.6%	△2
500万円	134	26.7%	116	23.1%	18
800万円	243	30.4%	190	23.8%	53
1,000万円	330	33.0%	265	26.5%	65
2,000万円	832	41.6%	642	32.1%	190
3,000万円	1,389	46.3%	1,032	34.4%	357
5,000万円	2,560	51.2%	1,830	36.6%	730
1 億 円	5,600	56.0%	3,780	37.8%	1,820

（注１）　ここでは簡便的に事業税の控除290万円と青色申告特別控除と所得控除の合算控除を290万円として計算しています。

（注２）　事業税の経費は考慮していません。

①　不動産オーナーの所得を法人に分散（家族に給与を支払わない場合）

不動産オーナー課税所得　2,000万円×概算税率41.6%＝ **税額832万円**

⇩　課税所得800万円を法人に移動させた場合

不動産オーナー課税所得　1,200万円×概算税率35.6%＝税額427.2万円
法　人　課　税　所　得　800万円×概算税率23.8%＝税額190.4万円

合計税額617.6万円

所得税額差額　△**214.4万円**

②　不動産オーナーの所得を法人に分散し、さらに家族に給与を支払う

家族に給与を支払う場合には、上記①で個人の税率の違いや給与所得控除を利用することで、税額が軽減できることをみてきましたが、不動産オーナーの課税所得が高額になればなるほど、家族に給与として分散し、さらに不動産オーナーの所得を法人にも分散することでさらに税額の軽減を図ることができます。

ここでは、家族に給与を支払う以外にさらに、個人と法人の実効税率の違いを利用して法人に課税させることで、支払う税金を少なくしていくケースを解説します。

家族の概算税率は不動産オーナーと異なり事業税の負担はないものの、課税所得が800万円（概算税率25.4%）を超えてくると法人の課税所得800万円（概算税率27.3%）を上回っていきます。したがって、不動産オーナーの課税所得が800万円を超える場合や、家族に他に所得があり合算すると課税所得が800万円を超えてしまう場合には、法人内に所得を残して法人税で申告したほうが1年間の一族全員の法人税や所得税は少なくなります。

概算税額（税率）比較表

（単位：万円）（万円未満四捨五入）　給与所得（参考）

	個人（所得税・住民税・事業税）事業的規模（事業税あり）		法人（法人税・市県民税・事業税）		税金差額	個人（所得税・住民税）事業的規模でない場合	
	不動産オーナー		不動産管理会社			配偶者・子供	
課税所得	概算税額	概算税率	概算税額	概算税率		概算税額	概算税率
200万円	40	20.2%	45	22.6%	△5	30	15.2%
300万円	66	21.9%	68	22.6%	△2	51	16.9%
500万円	134	26.7%	116	23.1%	18	109	21.7%
800万円	243	30.4%	190	23.8%	53	203	25.4%
1,000万円	330	33.0%	264	26.4%	64	280	28.0%
2,000万円	832	41.6%	632	31.6%	200	732	36.6%
3,000万円	1,389	46.3%	1,014	33.8%	375	1,239	41.3%
5,000万円	2,560	51.2%	1,795	35.9%	765	2,310	46.2%
1億円	5,600	56.0%	3,700	37.0%	1,900	5,100	51.0%

（注１）　ここでは簡便的に事業税の控除290万円と青色申告特別控除と所得控除の合算控除を290万円として計算しています。

（注２）　事業税の経費は考慮していません。

例２－２　管理収入以外に建物等を法人に移動し、下記のように分散した場合の年間ベースの税額（所得税・住民税・法人税）

前　提

・給与所得控除や所得控除を考えずに単純に税率だけでみていく

・長男・次男には他に所得がない

《法人に所得を残さない場合の税額》

	課税所得	× 概算税率	＝税額
不動産オーナー	4,000万円	× 48.7%	＝1,948万円（年間手取所得2,052万円）

《法人に所得を残す場合の税額》

	課税所得	× 概算税率	＝税額
不動産オーナー	2,000万円	× 41.6%	＝832万円（手取所得1,168万円）
長男	700万円	× 24.2%	＝169.4万円（手取所得530.6万円）
次男	700万円	× 24.2%	＝169.4万円（手取所得530.6万円）
不動産管理会社	600万円	× 23.4%	＝140.4万円（手取所得459.6万円）

↑ 4,000万円を分散

税額合計
1,311.2万円
（年間手取所得2,688.8万円）

税額差額
△636.8万円減額
（約32％減）

※長男、次男は給与所得控除や基礎控除等があり、法人も経費の計上があるので実際の納税はもっと少なくなります。

株式対策について

ここで注意して考えなければならないのは、「株主を誰にするか」ということです。会社に財産を残すことによって法人の１株当たりの評価額が増えていくことになり、事業税や将来の相続税もにらんで判断しなければなりません。最初から不動産オーナー以外の人を株主にするのか、あるいは対策を組みながら次世代へ移すタイミングをみていくか、といった株式対策が必要になります。

(3) 相続人や会社への所得分散に伴う相続税の減少と納税資金の確保

ここまで不動産管理会社を通じて年間ベースの所得税や法人税の節税をみてきました。ここで継続は力なりということで、上記の事例で10年後の相続事例をみていきます。

不動産オーナーに蓄積していくであろう毎年の所得を、法人や家族に移動することが、最終的には相続税の負担を減らすことになるとともに、相続税の納税資金を確保することにもなります。

例２－３ 上記の **例２－２** をもとに10年後の相続税負担

前　提

- 先代から引き継いだ相続財産約３億円
- 相続人は長男と次男の子供２人（配偶者なし）
- 相続税の計算は基礎控除のみ
- 生活費等は考慮しない
- 令和５年12月現状の相続税法で試算
- オーナーは株主ではない

《所得を分散しない場合》

先代からの資産　3億円
年間手取所得　2,052万円×10年＝　2億520万円
相続財産合計　5億520万円　⇨　相続税額　1億5,444万円

10年後に相続税を納付した後の財産額
5億520万円－相続税額1億5,444万円＝3億5,076万円

《所得を分散した場合》

先代からの資産		3億円
年間手取所得	1,168万円×10年＝	1億1,680万円
相続財産合計		4億1,680万円

⇒ 相続税額 1億1,592万円

10年後の財産額		
先代からの資産		3億円
オーナー	1,168万円×10年＝	1億1,680万円
長男	530.6万円×10年＝	5,306万円
次男	530.6万円×10年＝	5,306万円
不動産管理会社	459.6万円×10年＝	4,596万円

財産額合計 5億6,888万円
相続税額 −1億1,592万円

相続税納付後の
財産額 4億5,296万円

結　論

所得を分散する場合と分散しない場合とでは4億5,296万円−3億5,076万円＝1億220万円の差が出てくることになります。

所得分散のリスク（同族会社の行為計算否認）について

ここまで不動産オーナーに集中している所得を家族や法人に分散していく対策をみてきましたが、この分散については不動産オーナーの不動産所得について管理をしてもらう管理料であったり、建物等を法人に移動し、オーナーから法人に所得を移す方法によるものです。当然ながらこれらのキャッシュフローの移動は実態を伴う根拠のあるものであり、相当の対価（時価）でなければ同族行為だからできるものとして、同族会社の行為計算否認を受けることになります。節税が大きくなればなるほど専門家に相談をして遂行していくことが大切です。

対策効果＞専門家手数料となればよいのです。

3　法人特有のメリット

上記で不動産管理会社設立のメリットを述べましたが、その他にも法人成りをすることで個人では得られないメリットがいくつかあります。

① 事業年度が決められる（個人の場合は1月～12月）。

② 会社の役員になることで、不動産オーナー以外でも下記の適用を受けることができる。

i）小規模企業共済に入れる（全額所得控除）

ii）役員や従業員に対して退職金を出すことが可能（損金の妥当性有）

iii）役員や従業員が保険に加入した場合、保険の内容によっては経費にすることができる（個人の保険料控除は一般保険△4万円、個人年金保険△4万円、介護医療△4万円（最大△12万円））

iv）社会保険に加入できる

保険料の額によってはデメリットになるが、国民年金ではなく厚生年金へ、健康保険も国民健康保険から協会健保（政府管掌健康保険）へと移行し、負担も大きくなるが将来的に受け取る年金が多くなり、会社が約半分を経費として負担できる。

③ 社会的信用が高くなる。

④ 金融機関からの融資が受けやすい。

⑤ 損失（赤字）を繰り越して控除できる期間が10年（平成30年4月以前に開始した事業年度においては9年、個人の場合は3年）で期間が長いため所得のコントロールがしやすい。

⑥ 土地建物を法人所有とした場合には、不動産オーナーが亡くなった場合でも、相続登記の必要はないため登録免許税や手数料といった諸経費がかからない。

⑦　不動産取得に伴う借入金のうち、土地等の取得に要した借入金利息は、個人については不動産所得の範囲内で経費に計上するが、法人は赤字でも全部控除できる。

⑧　会社を譲渡・贈与・購入する場合も株式の一部または全部を移動するだけでよい。つまり、事業承継がしやすい。

⑨　固定資産等の減価償却費を任意に計上できる。

個人は毎年強制的に償却をして経費化しなければならないが、法人は償却が任意にできるため、所得の多寡により償却金額を決められ、償却を先延ばしに繰り越すことができる。

⑩　会社の株式を純資産価額方式で評価する場合、土地等に含み益（相続税評価額と帳簿価額の評価差額）がある場合には、その含み益に対して法人税額等相当額37%が控除される。

⑪　消費税の還付や免税の対策をすることができる。

⑫　倒産防止共済の掛金を経費に計上できる。

4 法人特有のデメリット

ここではまず、不動産管理会社を設立する場合には以下のようなデメリットがあることを把握しておきましょう。このデメリット以上に、本当にメリットがあるかどうかを判断していかなければなりません。つまり、費用対効果があるかどうかです。

①　法人の設立に費用がかかる（約30万円）。

②　法人を作ると赤字でも税負担（地方税の均等割）が発生する。

法人県民市民税均等割　（埼玉県　令和5年度）

資本金等の額	均等割額 （従業員が50人以下）
1億円超　10億円以下	29万円
1,000万円超　1億円以下	18万円
1,000千万円以下	7万円

③　個人とは区別して法人の給与源泉・社会保険事務・証憑や現金出納帳や預金出納帳といった収入と支出をきちんと処理をしなければならない（手間の増大）。

④　個人の所得税の申告以外に法人税の申告が必要となる。

⑤　専門家に対する支払報酬（手数料）が発生する。

報酬を払ったとしても全体のスキームを含めて税法のプロに全体を大きくみてもらうほうが最終的には得である

⑥　株式評価に際しては課税時期以前３年以内に会社が取得した土地・建物等は、相続税評価ではなく時価（取引価格）で評価することになり、会社の株式の評価額が高くなってしまうことがある。

個人の場合は、取得直後から相続税評価額により評価されるため節税効果がすぐに表われる。

⑦　法人に不動産を譲渡する場合には不動産取得税等がかかる。

○ 不動産取得税

種　類		令和9年3月31日まで
土　地		3％
家屋	住　宅	3％
	住宅以外の家屋	4％

※相続する場合：かからない

○ 登録免許税　法人に譲渡する場合：土地1.5％ (R8.3.31まで)
家屋2.0％
相続する場合：0.4％

○ 印　紙　税　法人に譲渡する場合：譲渡契約金額により変わる
相続する場合：かからない

5 不動産管理会社を作ったほうがよいかの判断基準

不動産管理会社を作るかどうかの判断基準は、大きく分けて次の3つの基準で判断していきます。

まず、1番目の判断基準は、「相続の発生まで時間はあるか」ということです。相続の発生までの時間の長短により相続の対策は臨機応変に変えていかなければなりませんが、あまり時間が短いと仮に不動産管理会社を設立したとしても、その効果は見込めません。

2番目の判断基準は、「相続税の納税額がいくらくらいになるか」を客観的にみていく必要があります。

3番目の判断基準は、「分散できる不動産所得があるか」です。それがない場合には不動産管理会社の設立以外で相続対策を行っていく必要があります。

上記の判断基準について具体的にみていきます。

(1) 【判断基準１】相続発生まで時間はあるか？

不動産オーナーの年齢や健康状態等により想定される相続開始までの期間の長短により、とるべき相続対策は異なります。結論から言うと、相続発生までに時間があまりない場合には不動産管理会社を作るメリットはあまりないといえます。なぜなら、不動産管理会社による対策は作っただけでは対策にならず、その後毎年毎年のキャッシュフローを家族に分散し、キャッシュの流れを変えることにより不動産オーナーに集中していた超過累進税率による税金負担の軽減とともに、キャッシュフローが家族に分散できるからです。

つまり、不動産オーナーに集中していた資産の蓄積が、会社設立後は、毎年毎年会社や相続人に蓄積し、不動産オーナーの相続財産から会社や相続人の財産にシフトしていくことが対策になるからです。

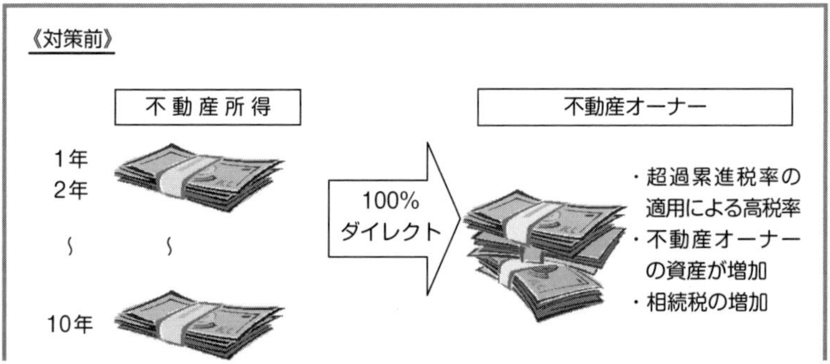

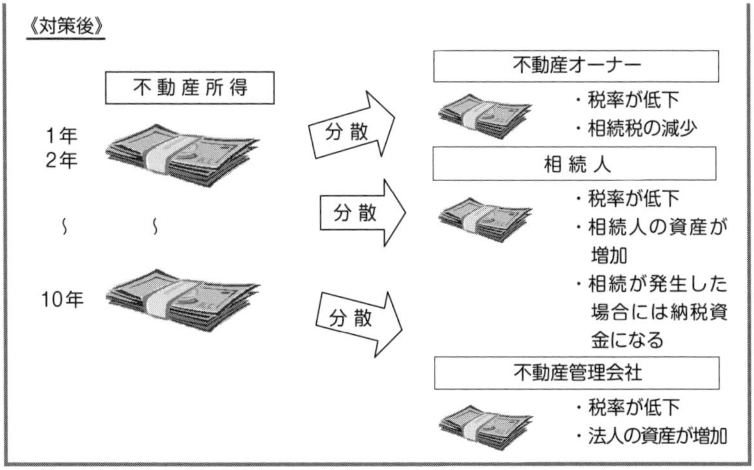

(2) 【判断基準2】相続税の納税額はいくらくらいになるか？（将来予測も含める）

まず相続税の納税額が大まかでもよいので、いくらくらいになるかを把握（シミュレーション）することが大事です。それによりとるべき対策が違ってくるからです。

相続税の納税が将来予測も含めてほとんど出ない場合に手間や費用がかかる不動産管理会社を作っても有効とはいえません。

① 資産課税の強化

当面の方針としては、少子高齢化を踏まえた社会構造の変化に対応するとし、格差をなくすため資産保有者および高所得者に対して、資産課税の強化の方向に向かっているようです。そのような流れの中で、相続税はどれくらいになるかを充分に検討しながら早めの対策をとっていくことが肝心です。

パターン別　相続税額のシミュレーション

パターンA

★家　族

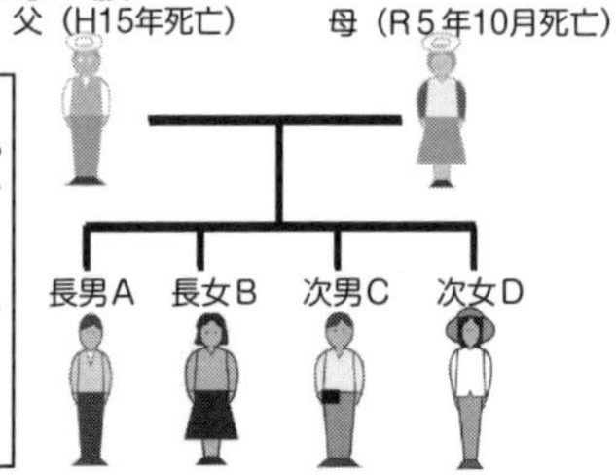

①長男A夫婦…同じ敷地内に家を建てて居住
兄弟B・C・Dは家を出ている

②自宅は長男Aへ
他の財産は兄弟姉妹で話し合いにより決める

★財　産

1．自宅　1億2,000万円

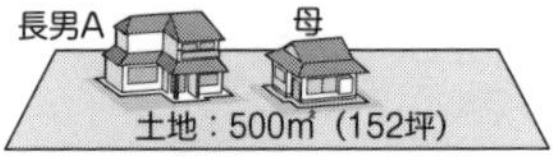

2．アパート2棟　2億4,000万円

3．預　金　5,000万円

4．保険金　2,000万円

	相続税
課税価格	4億1,000万円
基礎控除	5,400万円
相続税額	7,880万円

パターンB

★家　族

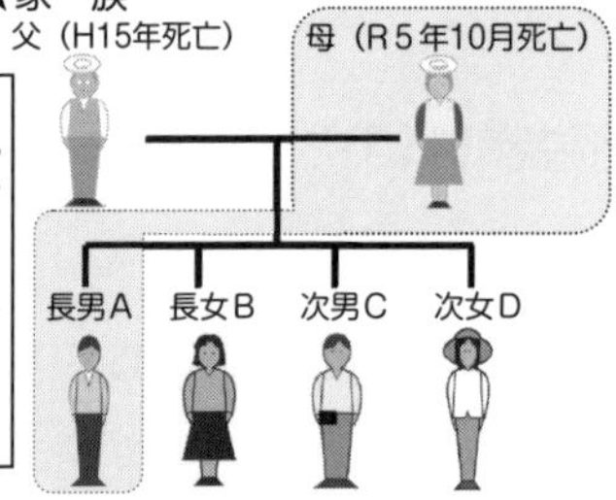

①長男A夫婦…母と同居
兄弟B・C・Dは家を出ている

②自宅は長男Aへ
他の財産は兄弟姉妹で話し合いにより決める

★財　産

1．自宅　1億円

2．畑　1億円

市街化地域・200坪

3．預　金　2,000万円

4．保険金　2,000万円

	相続税
課税価格	1億6,181万円
基礎控除	5,400万円
相続税額	1,356万円

パターンC

★家　族

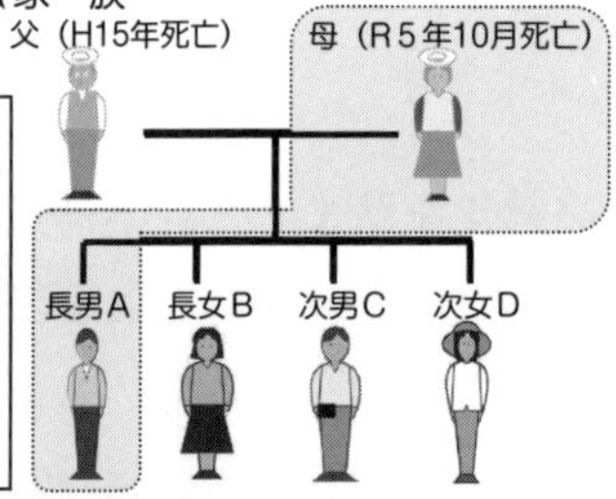

①長男A夫婦…母と同居
兄弟B・C・Dは家を出ている

②自宅は長男Aへ
他の財産は兄弟姉妹で話し合いにより決める

★財　産

1．自宅　1億円

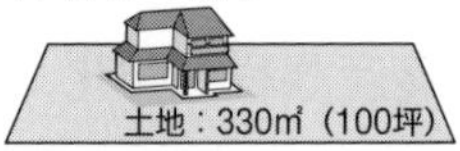

2．有価証券　2,000万円

3．預　金　3,000万円

4．保険金　2,000万円

	相続税
課税価格	9,181万円
基礎控除	5,400万円
相続税額	378万円

② 相続税の納税額の試算

資産表見本

1．純資産価額

① 相続財産

<table>
<tr><td rowspan="4">土地等</td><td>路線価・固定資産税評価額による評価</td><td>倍率</td><td>評価額</td><td>評価額</td></tr>
<tr><td></td><td></td><td></td><td></td></tr>
<tr><td></td><td></td><td></td><td></td></tr>
<tr><td></td><td></td><td></td><td></td></tr>
<tr><td rowspan="4">建　物</td><td>固定資産税評価額</td><td colspan="2">利用状況による減額</td><td>評価額</td></tr>
<tr><td></td><td colspan="2"></td><td></td></tr>
<tr><td></td><td colspan="2"></td><td></td></tr>
<tr><td></td><td colspan="2"></td><td></td></tr>
<tr><td rowspan="2">預貯金</td><td colspan="3">種別</td><td>金額</td></tr>
<tr><td colspan="3">普通預金／定期預金／貯蓄預金／その他</td><td></td></tr>
<tr><td rowspan="2">有価証券</td><td colspan="3">種別</td><td>金額</td></tr>
<tr><td colspan="3">上場株式／公社債／受益証券／その他</td><td></td></tr>
<tr><td rowspan="2">現　金</td><td colspan="3"></td><td>金額</td></tr>
<tr><td colspan="3">手許現金</td><td></td></tr>
<tr><td rowspan="2">その他</td><td colspan="3"></td><td>金額</td></tr>
<tr><td colspan="3">家庭用財産／貸付金</td><td></td></tr>
</table>

①小計 ⊕

② みなし相続財産

<table>
<tr><td rowspan="2">生命保険金</td><td>保険金額</td><td>非課税限度額</td><td>金額</td></tr>
<tr><td></td><td>△</td><td></td></tr>
<tr><td rowspan="2">退職金</td><td>退職金額</td><td>非課税限度額</td><td>金額</td></tr>
<tr><td></td><td>△</td><td></td></tr>
</table>

③ 加算対象期間（注１）の相続人への贈与財産

④ 葬式費用

⑤ 借入債務

⑥ 純資産価額（①＋②＋③）－（④＋⑤）＝

②小計 ⊕
③小計 ⊕
④小計 △
⑤小計 △
⑥合計

〈注１〉加算対象期間とは、相続税の課税価格に加算される暦年課税に係る贈与の対象期間をいいます。令和６年１月１日以後の暦年課税に係る贈与により取得した財産については、その加算対象期間が相続開始前７年以内となります。
具体的な被相続人の相続開始日に応じた加算対象期間は、次の表のとおりです。

被相続人の相続開始日	加算対象期間
～令和８年12月31日	相続開始前３年以内 （死亡の日からさかのぼって３年前の日から死亡の日までの間）
令和９年１月１日～ 令和12年12月31日	令和６年１月１日から死亡の日までの間
令和13年１月１日	相続開始前７年以内 （死亡の日からさかのぼって７年前の日から死亡の日までの間）

2．相続税額

純資産価額合計 － 基礎控除※ ＝ 課税遺産総額

※基礎控除：3,000万円＋法定相続人×600万円

最終課税対象額		続柄	法定相続割合（注２参照）		税率（注３参照）		控除額（注３参照）		各法定相続人の相続人
	×			×		＝		＝	
									合計　　　万円

〈注２〉 法定相続割合

配偶者	血族相続人		
相続人	子	直系尊属	兄弟姉妹
1/2	1/2		
2/3		1/3	
3/4			1/4

例

妻・長男・長女…妻1/2、子1/4、子1/4

妻・兄・妹…妻3/4、兄1/8、妹1/8

妻・母…妻2/3、母1/3

〈注３〉 相続税の速算表（平成27年1月1日以降相続開始の場合）

法定相続に応じた取得金額	税率	控除額
1,000万円以下	10%	なし
3,000万円以下	15%	50万円
5,000万円以下	20%	200万円
1億円以下	30%	700万円
2億円以下	40%	1,700万円
3億円以下	45%	2,700万円
6億円以下	50%	4,200万円
6億円超	55%	7,200万円

(3) 【判断基準３】法人や家族に分散できる年間の不動産所得はあるか？

オーナーの不動産所得が年間の生活費や借入金の返済等によりほとんど消費してしまい、法人や家族に分散できる所得がない場合には、不動産管理会社の設立以外の方法で相続の納税を減らす対策を行っていく必要があります。

また不動産オーナーが不動産所得以外に事業所得や給与所得等がある場合や、相続等により取得した金融資産があることにより生活費や借入金の返済等が賄える場合には、可能な限り不動産所得を法人や次世代の家族に分散していくことが税制上有利になります。

不動産所得の分散

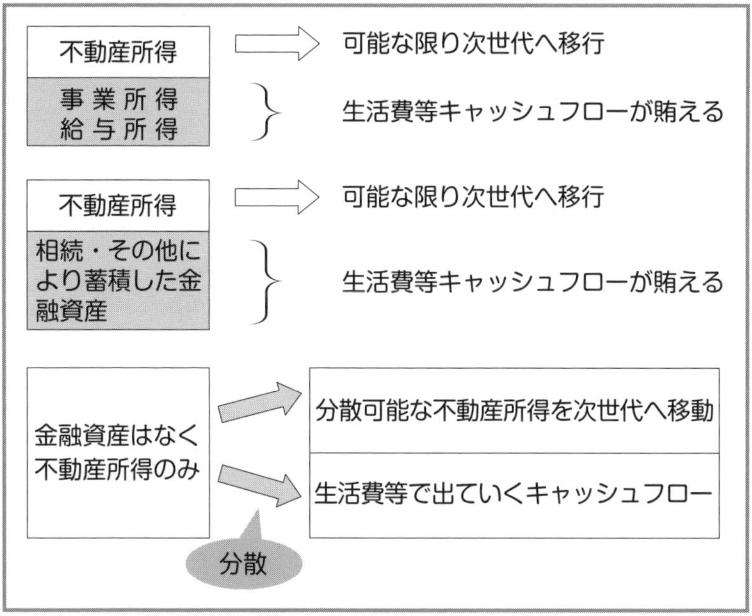

前節までに個人→個人の移動や個人→法人への移動についてみてきましたが、いずれも不動産オーナーの所得や税金が所得の分散を受ける家族や法人よりも大きい場合でした。

次の事例は、不動産オーナーが事業的規模に満たない600万円程度の課税所得者であり、また分散を受ける家族も他に所得があり、不動産オーナーよりも所得が多く納税が多い場合どうなるかについてみていきます。

例2－4

前　提

・相続の課税財産　1億9,000万円
　(財産2億円－債務1,000万円)

・相続人　子供2人

・扶養・社会保険料等の所得控除は考慮しない

・長男の給与収入は2,285万円である

・オーナーの不動産貸付は事業的規模ではない

① 相続税

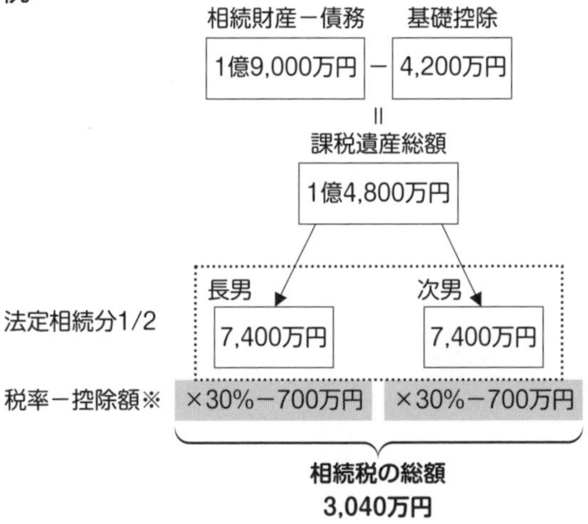

※相続税の速算表（平成27年1月1日以降相続開始の場合）

法定相続分の各相続人の取得価格		税率	控除額
	1,000万円以下	10%	—
1,000万円超	3,000万円以下	15%	50万円
3,000万円超	5,000万円以下	20%	200万円
5,000万円超	1億円以下	30%	700万円
1億円超	2億円以下	40%	1,700万円
2億円超	3億円以下	45%	2,700万円
3億円超	6億円以下	50%	4,200万円
6億円超		55%	7,200万円

② 不動産オーナーの不動産所得に係る税額

不動産収入		必要経費		課税所得		概算税率（事業税なし）		
1,200万円	−	600万円	＝	600万円	×	23.1%	→	税額 138.6万円

③ 長男の給与所得に係る税額

給与収入		必要経費		課税所得		概算税率		
2,285万円	−	約285万円	＝	約2,000万円	×	36.6%	→	税額 732万円

Q. この場合、不動産オーナーは不動産所得のうちどれくらいを長男に移動できれば税制上有利か？

A. オーナーの生活費が賄えるのであれば不動産所得600万円を可能な限り長男へ移したほうが有利です。

〔解　説〕

①　現　状

	課税所得		概算税率		税　額	
不動産オーナー	600万円	×	23.1％	＝	138.6万円	税額合計
長　男	2,000万円	×	36.6％	＝	732万円	870.6万円
合　計	2,600万円					

②　不動産オーナーの不動産課税所得600万円を全部長男へ移すことが可能であったとすると、

	課税所得	概算税率	税　額
長　男	600万円＋2,000万円＝2,600万円	×39.9％	＝1,037.4万円

③　不動産オーナーの不動産所得を全部長男へ移した場合の税額の差は②－①＝166.8万円となります。

年間で所得税、住民税が増えることになりますが、600万円の手取所得が相続財産の増加財産となれば600万円×30％＝180万円の相続の負担が増えることになります。

166.8万円＜180万円となり、166.8万円のほうが有利となります。

結　論

相続の際、納税する必要がある不動産オーナーの不動産所得については、不動産管理会社を設立して、全部を移すのは無理であっても合法的にできるだけ次世代へ所得を移動したほうが有利となります。

また、これと合わせて所有している相続財産を贈与税により減らしていく対策も合わせて必要になります。

いずれにしても所得税・法人税・消費税・相続税それぞれの税法をとらえて総合的に判断する必要があるため、大きく節税するには専門家等に相談をしながら実行に移していくことがトータルに考えて得策であると思われます。

第3章

法人事業運営の
バリエーション

第3章 ここがポイント

管理委託方式

- ✔ 不動産管理会社を設立し、不動産オーナーから不動産管理会社へ管理業務を委託する

- ✔ 不動産管理会社へ支払う管理料が、不動産オーナーの不動産所得の経費となり、節税効果が生まれる

- ✔ 管理料が高すぎると、税務調査で否認されるリスクが高まる

一括賃貸方式

✔ 不動産管理会社を設立し、不動産管理会社が不動産オーナーから、不動産を一括で借り上げる

✔ 賃借人に直接賃貸するよりも不動産管理会社からの賃貸料が低く設定されることによって、節税効果が生まれる

✔ 不動産管理会社から不動産オーナーに支払われる一括賃貸料が低すぎると、否認されるリスクが高まる

不動産保有方式（建物保有方式）

✔ 不動産管理会社を設立し、不動産管理会社が不動産オーナーから、不動産（建物のみ）を買い取る

✔ 不動産管理会社は不動産オーナーに地代を支払う

✔ 不動産が生む所得を家族へ移転することができるので、相続税の生前対策となり、節税効果が見込める

✔ 考慮・検討しなければならない点が多く、また事務や手続きも煩雑になる

第3章

法人事業運営のバリエーション

法人事業運営としては、「管理委託方式」、「一括賃貸（サブリース）方式」、「不動産（建物）保有方式」の３方式があります。

各方式のメリット・デメリット

	メリット	デメリット
管理委託方式	●個人が法人に管理料を支払うことにより、個人の不動産所得を減らすことができます。 ●法人から役員報酬を取ることによる親族への所得分散や、所得税と法人税の税率差を活用した節税効果等があります。	●不動産収入に対する管理料の割合が、管理会社が行っている業務内容に比べて高額であると認められる場合は、税務調査等により否認されるリスクが高くなります。
一括賃貸方式	●管理委託方式と基本的には同じですが、業務内容が管理委託方式よりも多くなることにより、法人への支払管理料の割合を高くすることができます。それにより、不動産所得の圧縮・役員報酬による所得分散等の節税効果が大きくなります。	●管理委託方式と比べ不動産収入に対する管理料の比率を高く設定することができますが、業務内容に比べて高額であると認められる場合は、税務調査等により否認されるリスクが高くなります。
不動産（建物）保有方式	●建物を法人で保有することにより、賃貸収入すべてを法人の売上として計上することができます。これにより、管理委託方式や一括賃貸方式に比べ、個人の不動産所得の圧縮等による節税効果は大きくなります。 ●不動産収入がすべて法人の売上になるため、役員報酬を多く取ることができ、所得分散がしやすくなります。これにより、親族が相続税の納税資金を確保することもできます。	●個人の建物を法人に売却する際、法人に不動産取得税や登録免許税、司法書士報酬等がかかります。 また、個人に売却益が発生した場合、譲渡所得税がかかります。

1 管理委託方式

(1) 内　　容

個人の不動産（貸家・賃貸用アパート・賃貸用マンション）オーナーがその賃貸用不動産にかかわる業務を、そのオーナーまたはその者の親族が設立した不動産管理会社に委託する方式です。

管理委託方式のイメージ

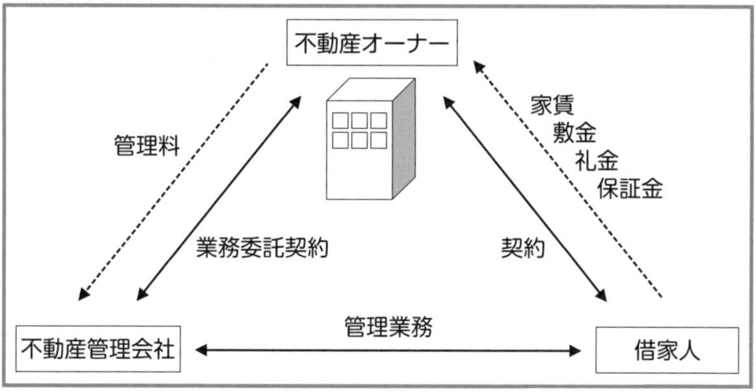

(2) 業務内容

不動産オーナーが不動産管理会社に委託する業務内容は、次のようなものが考えられます。

①　入居者との募集契約等の業務

- 入居者の募集や面接
- 入居者との賃貸借契約の締結、更新、解約等の手続き
- 入居者の入居時・退出時のチェック
- 入居者と近隣住民とのクレーム処理

・家賃、敷金、礼金の請求、集金、家主への送金

② 建物の管理業務

・建物周辺の清掃、見回り、警備

・共用部分の保守・管理業務

・建物修繕工事の見積依頼や工事発注業者の選定、依頼、発注業務

・建物の保守管理業務

(3) 管理料の設定

管理委託方式は、個人の不動産収入から不動産管理会社に管理料を支払うことにより、個人の不動産所得の経費を増やし、これによる節税効果を狙うのが最大の目的です。

管理料は、税務調査においてその金額が高額であるため否認されたという事例が多くあります。そうなると、所得税等と附帯税を追加で支払わなければいけなくなってしまいます。

そのため、管理料の設定に関しては最大の注意が必要です。

管理料を設定する際は、以下の手順で設定するのがよいでしょう。

① 近隣の不動産管理会社の相場を調べてみる

市中の不動産会社は月額の不動産収入（現金ベース）の３～８％であることが一般的ですが、近隣の管理料の相場を調べます。

② 契約書を作成する

契約書は必ず作成し、契約書に記載した業務内容が実際に行われているかをチェックします。

また、契約書には、不動産オーナーが負担する費用・不動産管理会社が負担する費用を明確に区分して記載しておきます。

業務にあたっては管理日誌を作成し、毎日チェック項目を

確認します。

③　不動産管理会社（第三者）が別にある場合は特に気をつける

不動産管理会社（第三者）が入っている場合は、不動産収入に対する管理料の比率は当然増えます。その結果、同族法人を含めた管理料は10%を超えることになり、税務調査で否認されるリスクが増えます。

その場合は不動産管理会社（第三者）の管理契約書をよく確認し、管理会社（同族法人）との業務内容の棲み分けを行い、重複しない業務のみを契約書に盛り込みます。

例えば、不動産管理会社（第三者）は日中の管理業務は行うことはできますが、早朝や夜間の業務を行うことはできません。契約内容に、「不動産管理会社（第三者）の管理時間以外の時間を管理する」等の条項を入れておくのも１つの方法です。

④　契約書の内容確認は専門家に依頼する

作成した契約書の内容に関しては、税理士等の専門家に必ずチェックしてもらうか、作成を依頼するとよいでしょう。

管理委託契約書サンプル

管理委託契約書

委託者　○○○○（以下「甲」という）と受託者　○○○○（以下「乙」という）とは、以下の物件に関して管理委託契約（以下「本契約」という）を締結した。

物件名　　○○○マンション　30室　○○パーキング　10台分
所在地　　○○県○○市○○町○○番○○号

（委託業務）
第1条　甲は、本物件の次の各号に掲げる業務を次号以下に定めることにより、乙に委託する。
(1)　入居者及び駐車場の使用者の募集や面接、選定に関する業務
(2)　入居者との賃貸借契約の締結、更新、解約等の手続業務
(3)　入居者の入居時および退出時のチェック業務
(4)　入居者と近隣住民とのクレーム処理業務
(5)　家賃・敷金・礼金の請求、集金、家主へ送金する業務
(6)　建物の周辺の清掃、見回り、警備する業務
(7)　植栽管理・散水業務・剪定作業
(8)　共用部分の保守・管理業務
(9)　建物の修繕工事の見積り依頼や工事発注業者の選定・依頼・発注業務
(10)　建物の保守管理業務
(11)　上記各号に付随する業務

（管理料）
第2条　本契約に基づき甲が乙に支払う委託業務の対価（以下「管理料」という）の月額は次のとおりとする。
金　　　　　円（消費税別）
2　前項の管理料は毎年○○月○○日の過去の入居状況に基づき、甲乙協議のうえ改定を行うものとする。
3　甲は、前項の管理料は当月分の翌月末までに乙に支払う。
4　管理費は、経済情勢・労働賃金水準の変動等により不相当となったときは、契約期間中であっても、甲・乙協議のうえ、変更することができる。

(契約期間)

第３条　本契約期間は令和〇〇年〇〇月〇〇日から令和〇〇年〇〇月〇〇日までとする。

(契約の更新)

第４条　本契約期間満了の２カ月前までに甲・乙ともに別段の意思表示をしないときは、管理料については第２条のとおりとし、その他本契約内容については、同一の条件をもってさらに１年間延長するものとし、その後も同様とする。

(解約および解除)

第５条　甲および乙は２カ月前までに、その相手に対し、書面による予告をもって本契約を解除することができるものとする。

２　甲または乙は、その相手方が、本契約に定められた業務の履行を怠った場合は、相当の期間を定めてその履行を催促し、相手方が当該期間内にその義務を履行しないときは、本契約を解除することができる。

(印　紙)

第６条　本契約書に係る印紙代の負担については、甲・乙折半するものとする。

(合意管轄裁判所)

第７条　本契約について紛争が生じた場合は、東京地方裁判所または簡易裁判所を管轄裁判所とする。

(契約外事項)

第８条　本契約に定めのない事項、および各条項の解釈に疑義を生じた場合は、法令その他の慣習に従い、甲・乙協議のうえ、定めるものとする。

以上、本契約の成立を証するため、本書を２通作成し、甲・乙各々署名・押印のうえ、各１通を保有する。

令和　〇〇年　〇〇月　〇〇日　　(甲) (不動産オーナー)

(乙) (不動産管理会社)

2 一括賃貸方式

(1) 内　容

個人の不動産（貸家・賃貸用アパート・賃貸用マンション）オーナーが、その賃貸用不動産をそのオーナーまたはその者の親族が設立した不動産管理会社に一括賃貸（サブリース）する方式です。

不動産管理会社は賃借人から家賃を受け取り、その後不動産オーナーに賃料を支払います。不動産管理会社が不動産オーナーに支払う賃料は、不動産管理会社が賃借人から受け取る家賃の80～90％程度が一般的とされています。

一括賃貸方式のイメージ図

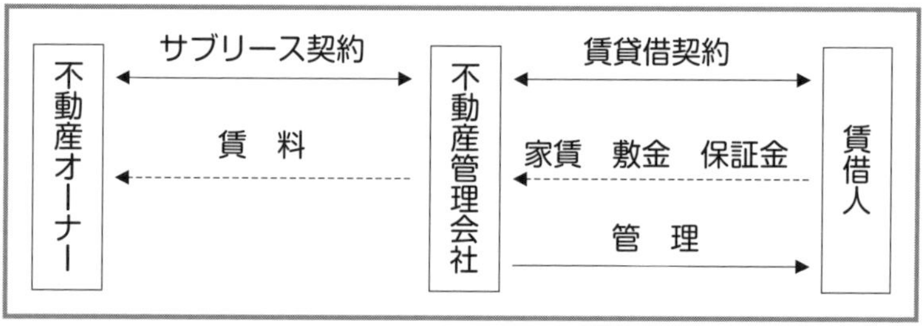

①　不動産オーナーのメリット・デメリット

・賃借人からの家賃収入と不動産管理会社が不動産オーナーに支払う一括家賃との差額が大きいほど、不動産オーナーの不動産所得が少なくなり節税効果がある。

・不動産管理会社から親族に給与を支給することにより、不動産オーナーの所得を分散することができる。

・不動産管理会社が不動産オーナーに支払う一括家賃の金額

が低い（委託管理料が高い）と税務調査等で否認されるリスクが高まる。

②　不動産管理会社のメリット・デメリット

・賃貸用不動産の空室率が高い場合、賃借人から受け取る家賃よりも不動産オーナーに支払う賃料のほうが多くなり、不動産管理会社の資金繰りが困窮する可能性がある。平均の空室率が10～20％を超える物件に関しては最初から選択しないか、空室率が高くならないための経営努力が必要。

・不動産管理会社が不動産オーナーに支払う一括家賃の金額が低い（委託管理料が高い）と税務調査等で否認されるリスクが高まる。

一括賃貸方式を採用する場合の書式として、建物の賃貸借契約書と管理契約書を別にしたサンプルを紹介します。

建物賃貸借契約書サンプル

建物賃貸借契約書

賃貸人甲と賃借人乙とは、賃貸借要領 (1) 記載の建物（以下「本建物」という）のうち賃貸借要領 (2) 記載の住戸（以下「本貸室」という）に関し、次のとおり建物賃貸借契約（以下「本契約」という）を締結し、その証として本契約書２通を作成し、甲・乙それぞれ記名・押印のうえ、各１通を保有する。

令和　○○年　○○月　○○日

（甲）（オーナー）

（乙）（不動産管理会社）

賃貸借要領

<table>
<tr><td colspan="7">賃　貸　借　要　領</td></tr>
<tr><td colspan="3">賃貸人（甲）</td><td colspan="4">○○　○○</td></tr>
<tr><td colspan="3">賃借人（乙）</td><td colspan="4">○○住宅リース株式会社</td></tr>
<tr><td>欄</td><td>事　項</td><td>関係条項</td><td colspan="4">摘　要</td></tr>
<tr><td rowspan="6">(1)</td><td rowspan="6">建　物</td><td rowspan="6">前　文</td><td>名　称</td><td colspan="3"></td></tr>
<tr><td>所在地</td><td colspan="3"></td></tr>
<tr><td>敷地面積</td><td colspan="3"></td></tr>
<tr><td>構造・規模</td><td colspan="3"></td></tr>
<tr><td>建築確認番号</td><td colspan="3"></td></tr>
<tr><td>総戸数</td><td>○○戸</td><td>駐車場総台数</td><td>○台</td></tr>
<tr><td rowspan="3">(2)</td><td rowspan="3">住　戸</td><td rowspan="2">前　文</td><td>賃貸住戸数</td><td colspan="3"></td></tr>
<tr><td>賃貸総専有面積</td><td colspan="3"></td></tr>
<tr><td>第１条</td><td colspan="4">住戸詳細については、別途貸室一覧のとおりとする</td></tr>
<tr><td>(3)</td><td>入居可能日</td><td>第１条</td><td colspan="4">令和　○○年　○○月　○○日（予定）</td></tr>
<tr><td>(4)</td><td>賃貸借期間</td><td>第２条</td><td colspan="4">入居可能日から令和○○年○○月末日まで</td></tr>
<tr><td>(5)</td><td>賃　料</td><td>第５条</td><td colspan="4">金○○○円（管理料等込）</td></tr>
<tr><td>(6)</td><td>賃料改定日</td><td>第７条</td><td colspan="4">令和　○○年　○○月　○○日以降１年毎</td></tr>
<tr><td>(7)</td><td>賃料改定額</td><td>第７条</td><td colspan="4">改定基準賃料の85％相当額（管理料等込）</td></tr>
<tr><td>(8)</td><td>敷　金</td><td>第10条</td><td>金○○○円（管理料等込）</td><td>預託日</td><td colspan="2">令和○○年○○月末日</td></tr>
<tr><td>(9)</td><td>敷金改定日</td><td>第11条</td><td colspan="4">令和　○○年　○○月　○○日</td></tr>
<tr><td>(10)</td><td>敷金改定額</td><td>第11条</td><td colspan="4">令和○○年○○月○○日付改定基準賃料×85％の２カ月分相当額</td></tr>
<tr><td>(11)</td><td>アローワンス期　間</td><td>第13条</td><td colspan="4">入居可能日から令和○○年○○月末日まで</td></tr>
<tr><td>(12)</td><td>アローワンス期間中の賃料</td><td>第13条</td><td colspan="4">乙は、当月分として転借人より収受した賃料の85％相当額を、翌月末日に甲に対し支払う。</td></tr>
</table>

貸室一覧

＊住戸面積は壁芯計算によるもので、登記面積とは異なる。

住戸番号	住戸専有面積　　　　m^2	（坪）
101	○○.○○ m^2	（○.○○坪）
102	○○.○○ m^2	（○.○○坪）
103	○○.○○ m^2	（○.○○坪）
201	○○.○○ m^2	（○.○○坪）
202	○○.○○ m^2	（○.○○坪）
203	○○.○○ m^2	（○.○○坪）
301	○○.○○ m^2	（○.○○坪）
302	○○.○○ m^2	（○.○○坪）
303	○○.○○ m^2	（○.○○坪）

賃貸借契約書約款サンプル

賃貸借契約書約款

（目　的）
第1条　甲は、本貸室を乙に賃貸し、乙はこれを転賃借する。
　2　甲は、本貸室を賃貸借要領⑶記載の入居可能日に乙に引き渡す。

（賃貸借期間）
第2条　賃貸借の存続期間は、賃貸借要領⑷記載のとおりとする。

（契約の更新）
第3条　甲および乙は、賃貸借期間満了の際、諸条件を別途協議のうえ、本貸室の全部または一部につき、本契約を更新することができる。

（転貸の承諾）
第4条　甲は、乙がその責任と裁量において収益事業を営むことを目的として本貸室を第三者（以下「転借人」という）に転貸することを認める。

（賃　料）
第5条　乙が甲に支払う「当月分の賃料」（以下「本賃料」という）は、賃貸借要領⑸記載のとおりとする。ただし、100円未満の金額は切り捨てる。
　2　乙は、賃貸借要領⑾記載の期間を除き、本賃料を賃貸借要領⑷記載の期間中、毎月末日に甲の指定する銀行口座に振り込む。

（改定基準賃料）
第6条　本契約において改定基準賃料を次項のとおり定義する。
　2　本契約開始日から本賃料改定日前日までに存した「各住戸の乙と転借人との間の賃貸借契約」（以下「転貸借契約」という）において定められた最新の月額賃料の合計額。
　ただし、転貸借契約が本契約開始日から本賃料改定日前日までに存しない住戸の月額賃料は、本賃料改定日前日の乙が転借人を募集する月額賃料とする。

（本賃料の改定）
第7条　甲および乙は、第5条第1項に定める本賃料を賃貸借要領⑹記載のとおり改定するものとし、改定額は賃貸借要領⑺記載のとおり算出する。

ただし、100円未満の金額は切り捨てる。

(転貸借条件、転借人の決定)

第8条　転貸借契約における転貸借条件および転借人の選定については経済情勢・市場動向を勘案し、乙が決定する。

(特殊な転貸借契約)

第9条　乙が、本貸室に現状にはない造作・設備を付加しその使用料を「転貸借契約に定める月額賃料」(以下「月額賃料」という)に含める場合、または転借人負担の諸費用を月額賃料に含める等特殊な転貸借契約を締結した場合は、乙は甲に対し当該特殊条件および当該特殊条件に基づく月額賃料の増額分を本賃料改定時に報告する。

2　前項の増額分は第6条の改定基準賃料および第13条の乙が転借人より受領する賃料には含まない。

(敷　金)

第10条　乙は、甲に預託する敷金を賃貸借要領⑶記載の入居可能日の属する月の翌月末日に賃貸借要領⑻記載のとおり甲の指定する銀行口座に振り込む。

2　甲は、前項の敷金を本契約終了時に無利息で乙に返還する。

3　甲は、賃料その他本契約に基づく乙の未払債務が生じた場合は敷金を乙の債務の弁済に充てることができる。

(敷金の改定)

第11条　甲および乙は、賃貸借要領⑻記載の敷金を賃貸借要領⑼記載の期日にて改定するものとし、改定額は賃貸借要領⑽記載のとおり算出する。

ただし、100円未満の金額は切り捨てる。

2　前項により敷金金額に変更が生じた場合、増額のときは乙はその差額を甲の指定する口座に振り込み、減額のときは乙が甲に支払う賃料と相殺することにより精算する。

3　前項の精算は、改定日の翌月末日までに行う。

(敷金による相殺等の禁止)

第12条　乙は、本契約存続中は敷金返還債権と賃料その他本契約に基づく甲に対する未払債務とを相殺することを主張できない。

2　乙は、前項の債権を譲渡し、または担保に提供することはできない。

(アローワンス期間)

第13条　乙は、第5条の定めにかかわらず、賃貸借要領⑾記載の期間（以下「アローワンス期間」という）は、賃貸借要領⑿記載のとおり、賃料を甲の指定する銀行口座に振り込む。

2　アローワンス期間は3カ月以上とし、アローワンス期間の終了日は、月末日とする。

3　入居可能日が遅延した場合は、アローワンス期間および賃料の変更について、甲・乙協議する。

(遵守事項)

第14条　乙は、甲の事前の同意なくして、本貸室の大幅な間仕切りの変更・改装をすることができない。

2　甲は、乙の事前の同意なくして、本建物の共用部分に関し、設備の新設・撤去および造作物の敷設等本建物の現状に変更をきたす造作加工をすることができない。

3　甲または甲の関係者は、本建物を使用する場合は、共同住宅におけるマナーを遵守し、転借人と円満な関係を保つこととする。

(修繕費の負担)

第15条　甲および乙は、本契約期間中の本貸室内の修繕について、内装・設備等の修理・取替は甲の義務、および使用収益に必要と乙が認めた日常的な小修理は乙の義務とし、添付書類1の「修繕費用の負担区分」（以下「負担区分」という）に従い義務者の負担で乙が実施する。

2　前項の定めにかかわらず、乙ならびに乙の転借人が、故意または過失によって本貸室に与えた損傷の復旧に要する費用は乙の負担とする。

3　乙が、入居可能日以降、甲の同意に基づき甲の負担にて内装設備等を本貸室に付加・新設した場合は、その修繕費を甲が負担する。

4　甲は、本建物が乙の責に帰することのできない事故により被った損傷の修繕費を負担する。

5　乙は、本条第１項の定めにかかわらず、甲の義務に係る修繕を１件金100,000円（消費税別）以下の修繕は乙自らの裁量で、１件金100,000円（消費税別）を超える修繕は甲に連絡のうえ、費用を立て替えて実施することができる。

6　甲は、乙の請求に基づき、前項の立替金を乙に支払う。

ただし、乙は、当該立替金を本賃料と相殺して受領することができる。

7　乙は、本条第５項の乙の裁量にて実施した修繕の概要を甲に報告する。

8　本建物の住戸性能維持のため、経年劣化した内装・設備等の大幅な更新が必要な場合は、甲・乙協議のうえ行う。

（諸費用の負担）

第16条　乙は、本貸室に関する上下水道・ガス・電気料を負担する。

ただし、本建物に関する租税公課及び管理費・前条の修繕費等は甲の負担とする。

（火災保険料等の負担）

第17条　甲は、本建物に対して住宅総合保険、施設所有者管理者賠償責任保険を付保し、乙から請求があった場合は、乙に保険証書の写しを交付する。

2　甲は、甲の責に帰することのできない事由（第15条第４項適用の場合を含む）による火災等の罹災で被った本建物の損傷についても、前項の保険金等をもって、遅滞なく復旧する。

（通知義務）

第18条　甲は、本契約書記名・押印欄の記載事項に変更が生じた場合は、直に乙に書面で通知する。

2　乙は、会社の合併・本社所在地の移転等、重要な事項を変更した場合は、直ちに甲に書面で通知する。

3　甲は、本貸室の全部または一部を譲渡・贈与する場合は、６カ月前までに乙に書面で通知する。

（契約解除）

第19条　甲または乙に、本契約およびこれに付随して締結した契約に違背する行為があった場合または甲・乙間の信頼関係を損なう事実があった場合は、各相手方は期限を定めて催告し、期限後なお事実に改善のない場合は、本契約を解除することができる。

2　乙が、次の各号の一に該当した場合は、甲は催告を要せずして本契約を解除することができる。

(1)　本賃料その他の債務の支払いを3カ月分以上滞納した場合。

(2)　他の債務のため財産の差押・仮差押・仮処分等を受け、または競売・破産等の申立てを受けた場合。

3　甲が、次の各号の一に該当した場合は、乙は催告を要せずして本契約を解除することができる。

(1)　甲たる地位を他の第三者に承継・譲渡した場合。

　ただし、事前に乙の書面による承諾を得た場合、または甲が個人である場合の相続についてはこの限りではない。

(2)　差押・仮差押・仮処分等を受け、または競売・破産等の申立てがあった場合。

4　甲または乙は、本条各項の規定により本契約を解除した場合でも、これによって被った損害の賠償を各相手方に請求することができる。

（契約の失効）

第20条　天災地変その他甲および乙の責に帰することのできない事由により、本建物の全部または一部が滅失または破損して本貸室の使用が不可能となった場合は、本契約は当然に効力を失う。

（原状回復等）

第21条　乙は、本貸室が空室の状態で、賃貸借期間の満了・解約・解除その他の事由により本契約が終了した場合は、本貸室を直ちに甲が原状回復を要しないと認めたものを除き乙の費用で原状に復し、甲に返還する。

2　乙は、前項の本貸室返還に際し、甲に対し、第10条に定める敷金以外、立退料その他の名目の如何を問わず金銭その他の要求をしない。

（賃貸借契約の承継）

第22条　本契約存続中に、甲が事前に乙の承諾を得て甲たる地位を第三者に承継・譲渡した場合は、甲は当該第三者に本契約と同一の条件で賃貸人の地位を承継させる。

（転貸借契約の承継）

第23条　甲は、本契約の終了時に転貸借契約が継続中の住戸については、乙の賃貸人たる地位を承継する。

2　前項の場合は、転貸借契約の承継をもって当該住戸の引き渡しとする。

3　本条第1項において、乙が転借人から敷金の預託を受けている場合は、甲は当該敷金返還義務を乙から承継するものとし、その額と甲が乙から預託を受けている敷金額とに差額がある場合は、甲・乙間で直ちに精算する。

（建物管理）

第24条　甲および乙は、本契約に付随して本建物の管理に関し、別途管理委託契約を甲・乙間で締結する。

（合意管轄）

第25条　本契約について紛争が生じた場合は、東京地方裁判所または東京簡易裁判所を管轄裁判所とする。

（協議事項）

第26条　次の各号の一に該当した場合は、甲・乙互いに誠意をもって協議のうえ本契約を変更できる。

(1)　乙および乙の転借人が使用できる駐車場等付帯施設の変更が生じた場合。

(2)　経済情勢または周辺環境の激変等甲および乙の責に帰することのできない事由が生じた場合。

（契約外事項）

第27条　本契約に定めのない事項については、民法その他の法令および取引の慣行に従い、甲・乙協議のうえ定める。

以　上

修繕費用の負担区分

（添付書類　1）

修繕費用の負担区分（※一部抜粋）

＊乙ならびに転借人が故意または過失によって損傷した部分の修繕費用は乙の負担とする。
＊当初より当該貸室に設置されていないものについては対象外とする。

部位・設備		内　　容	負担	
			甲	乙
窓・玄関扉		修理・取替	○	
網　　戸		修理・取替	○	
間仕切り		修理・取替・木部塗替・敷居スベリ取替	○	
木造床（二重床）		修理・取替	○	
二重天井		修理・取替	○	
敷居・鴨居・		修理・取替	○	
柱・内部扉枠		修理・取替	○	
壁仕上	ビニールクロス	ハガレ修理		○
		貼　　替	○	
	タイル	クリーニング		○
		修理・取替	○	
	襖	貼替（紙部分）		○
		修理・取替	○	
	障　　子	貼替（紙部分）		○
		修理・取替	○	
床仕上	カーペット	クリーニング		○
		貼　　替	○	
	塩ビ系シート	クリーニング		○
		貼　　替	○	
	御影石	クリーニング		○
		貼　　替	○	
	畳	裏返し		○
		表替・取替（床替）	○	

(2) アローワンス期間等の取扱い

① アローワンス期間

アローワンスは「値引き」という意味があり、一定の間値引きを行う期間をアローワンス期間といいます。

新たに建築した建物を一括借上げする場合、例えば「賃借人の募集開始から1カ月目は満室賃料の50%、2カ月目は75%、3カ月目は80%を不動産オーナーに対して支払う賃借料とする」などのように活用されます。

② 契約期間

一括賃貸の契約期間は10年更新が一般的です。新築物件の場合においては、10年も経つと、外壁や水回りに修繕箇所が目立ってきます。

建物のメンテナンスにより空室率も変わってくるため、修繕をする目安として10年くらいがよいのではないかと思います。

その後20年程度が経過した後、5年更新等に切り換えるという方法も考えられます。

③ 契約家賃金額

不動産管理会社が不動産オーナーに支払う家賃の金額は、市中の不動産会社の業務内容や契約金額を参考にすると、80～90%が一般的と考えられます。家賃は満室の場合の家賃総額を基本に設定します。なお、家賃改定は2～5年の間で行うケースが一般的です。

④ 礼金・敷金・保証金

礼金は不動産契約の慣例上賃貸契約時に収入として計上し、退去時も返還されないものですが、不動産管理会社は退去時の修繕費に充当させるため、不動産管理会社に帰属する契約が一般的です。

敷金・保証金は不動産オーナーに帰属させるものですが、退去時の修繕・クリーニングに充当することが多いため、不動産管理会社が預り管理し、退去時に精算するほうが、経理処理の面からも効率的です。

3 不動産保有方式（建物保有方式）

(1) 不動産保有会社の形態

不動産保有の形態としては次の４つがありますが、ここでは②の個人の土地に法人が建物を保有する形態を説明します。

① 土地 個人 建物 個人
② 土地 個人 建物 法人
③ 土地 法人 建物 個人
④ 土地 法人 建物 法人

(2) 内 容

法人が不動産オーナーより賃貸用建物を取得（売買）することにより、不動産オーナーの収入になっていた家賃（地代）・礼金等のすべてを法人の収入とする方式です。

不動産オーナーの収入は、法人から支払われる地代となります。

不動産保有方式のイメージ図

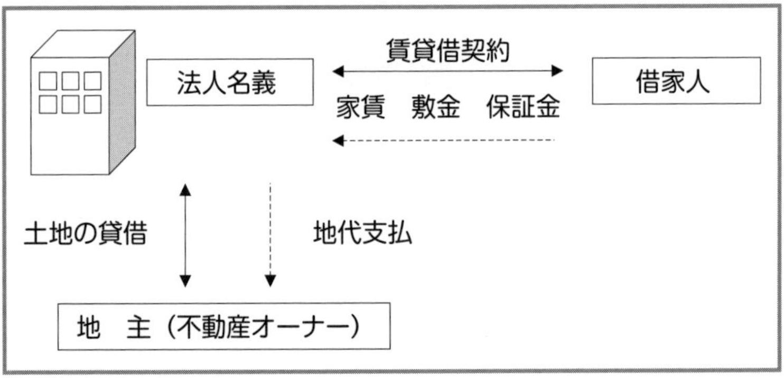

これまで「管理委託方式」と「一括賃貸方式」を説明してきましたが、委託管理料や一括賃貸の家賃設定には税務上のリスクが伴うことから、不動産管理会社の収入である委託管理料（サブリース含む）が限定的となり、あまり多くの節税効果は得られないという課題がありました。また、親族への所得分散効果も限定的です。

不動産（建物）を法人で所有することにより、上記の課題がすべて解決します。所得を親族に分散することで、不動産オーナーの相続財産となるべき資産を生前に移転することができ、資産移転と相続税の節税効果が見込めます。

(3) 事　　例

ここでは、不動産オーナーが所有する賃貸用建物を法人（建物保有会社）が取得する事例を紹介します。

①　会社を設立する

新会社を設立します。新会社の出資者は、相続のことを考慮して不動産オーナー（被相続人）の子供とするケースが一般的です。

また、既存の赤字会社がある場合には、その法人を利用する方法もあります。赤字会社を使うことにより、法人税等を軽減できる可能性があります。

詳しい設立の方法は、後の章で説明します。

②　建物を法人に売却する

法人は、不動産オーナーから建物を買い取ります。この場合、どの物件が適切かはいろいろな考え方がありますが、簿価（未償却残高）が少額の建物を選ぶのも１つの選択肢です。

これは、新しい建物ほど時価が高く、それに伴い売却時の不動産取得税と登録免許税が高くなるためです。

なお、建物を帳簿価額以上で売却した場合、不動産オーナーに対し、売却益×20.42%（所有期間５年以下の場合は39.63%）の譲渡所得税が課されます。

一方で、建物を時価より安い金額で売却した場合、それを買った法人は、時価と実際の売却金額との差額を受贈益として収益計上しなければなりません。また、売却価格が時価の２分の１未満の場合、不動産オーナーは建物を時価で売却したとみなされ、譲渡所得税が課されます。

実務的には、帳簿価額と時価が同額であると仮定して売却するケースが一般的です。

ただし、帳簿価額と時価が乖離している建物は、帳簿価額で売却すると課税が生じる可能性がありますので、売却価格の設定は慎重に行う必要があります。

譲渡物件として適していない物件は、建物の帳簿価額（未償却残高）よりも銀行借入金のほうが多い物件です。このような物件を売却した場合、不動産オーナーは売却代金だけでは銀行借入金が返済できず、手元資金を使わなければいけなくなるためです。

(4)　実行に伴う費用について

①　登記関連費用・不動産取得税

建物を取得する際、印紙税や登録免許税、司法書士等の報酬など諸費用がかかります。また、建物の登記の後３カ月後くらいに不動産取得税の納税も必要になりますので、予算に入れておいてください。

②　消費税について

建物の売却は消費税の課税売上になりますので、課税事業者である不動産オーナーは消費税の負担が増えます。また、建物を譲渡したことにより、今まで課税事業者でなかった不動産オーナーが２年後に課税事業者となるケースもありますので注意が必要です。

(5) 借地権の問題

借地権の取引慣行がある地域において、法人が個人の土地の上に建物を所有する場合に、権利金を支払わないときは、法人は借地権利金相当額の利益を受けたものとみなされ、権利金の認定課税が行われます。

本来支払うべき権利金を支払わないことが、不動産オーナーから権利金相当額を贈与により取得したものとみなされて、法人税が課税されるというわけです。

例えば、相続税評価額が１億円の土地（借地権割合70％と仮定）の上にある建物を不動産オーナーから取得し、権利金を支払わないと、法人は不動産オーナーから7,000万円（１億円×70％）を贈与により取得したものとみなされ、法人税が課されることとなります。

仮に法人税率30％とした場合においては、2,100万円追徴されることになります。

ただし、遅滞なく所轄税務署に「土地の無償返還に関する届出書」(P92～93）を提出するか、相当の地代を支払う場合には、権利金の認定課税は行われません。

相当の地代とは、その土地の更地としての価額のおおむね６％程度の地代をいいます。

土地の無償返還に関する届出書

土地の無償返還に関する届出書

※整理事項	1 土地所有者 2 借地人等	整理簿	
		番　号	
		確　認	

受付印

令和　　年　　月　　日

国税局長
税務署長　殿

土地所有者＿＿＿＿＿は、（借地権の設定等／使用貸借契約）により下記の土地を（平成／令和）＿＿年＿＿月＿＿日から＿＿＿＿＿に使用させることとしましたが、その契約に基づき将来借地人等から無償で土地の返還を受けることになっていますので、その旨を届け出ます。

なお、下記の土地の所有又は使用に関する権利等に変動が生じた場合には、速やかにその旨を届け出ることとします。

記

土地の表示

所　在　地　＿＿＿＿＿＿＿＿＿＿＿＿＿＿＿＿＿＿＿＿

地目及び面積　＿＿＿＿＿＿＿＿＿＿＿　＿＿＿＿＿＿㎡

	（土地所有者）	（借地人等）
住所又は所在地	〒 電話（　　）　　－	〒 電話（　　）　　－
氏名又は名称	㊞	㊞
代表者氏名	㊞	㊞

	（土地所有者が連結申告法人の場合）	（借地人等が連結申告法人の場合）
連結親法人の納税地	〒 電話（　　）　　－	〒 電話（　　）　　－
連結親法人名等		
連結親法人等の代表者氏名		

借地人等と土地所有者との関係	借地人等又はその連結親法人の所轄税務署又は所轄国税局

01.06 改正

（契約の概要等）

1　契約の種類　＿＿＿＿＿＿＿＿＿＿＿＿＿＿＿＿

2　土地の使用目的　＿＿＿＿＿＿＿＿＿＿＿＿＿＿＿＿

3　契約期間　平成・令和　　年　　月　～　令和　　年　　月

4　建物等の状況

(1)　種類　＿＿＿＿＿＿＿＿＿＿＿＿＿＿＿＿

(2)　構造及び用途　＿＿＿＿＿＿＿＿＿＿＿＿＿＿＿＿

(3)　建築面積等　＿＿＿＿＿＿＿＿＿＿＿＿＿＿＿＿

5　土地の価額等

(1)　土地の価額　＿＿＿＿＿＿＿＿円　（財産評価額　　　　円）

(2)　地代の年額　＿＿＿＿＿＿＿＿円

6　特約事項　＿＿＿＿＿＿＿＿＿＿＿＿＿＿＿＿

＿＿＿＿＿＿＿＿＿＿＿＿＿＿＿＿

7　土地の形状及び使用状況等を示す略図

8　添付書類　(1)　契約書の写し　(2)　＿＿＿＿＿＿＿＿

参考　相続税財産評価関係個別通達（抜粋）

（相当の地代を収受している場合の貸宅地の評価）

参考１.

借地権が設定されている土地について、平成13年７月５日付課法３-57ほか11課共同「法人課税関係の申請、届出等の様式の判定について」（法令解釈通達）に定める「土地の無償返還に関する届出書」（以下「無償返還届出書」という。）が提出されている場合の当該土地に係る借地権の価額は、零として取り扱う。（平成17課資２-４改正）

参考２.

法人が、借地権の設定等により他人に土地を使用させた場合（13-１-５又は13-１-７の取扱いの適用がある場合を除く。）において、これにより13-１-２に定める相当の地代を収受することとしたときは、その借地権の設定等に係る契約書においてその後当該土地を使用させている期間内に収受する地代の額の改訂方法につき次の⑴又は⑵のいずれかによることを定めるとともに、その旨を借地人等との連名の書面により遅滞なく当該法人の納税地の所轄税務署長に届け出るものとする。この場合において、その届出がないときは、⑵の方法を選択したものとする。（昭55年直法２-15「三一」により追加）

(6) 土地建物保有法人

土地は建物に比べ時価が高く、また、先祖代々引き継いできていくらで取得したかわからないものや、とても安い金額で取得しているものも多く、売却すると多額の譲渡所得税が発生するケースが数多くあります。そのため、通常は建物のみを法人に売却することが一般的です。ただし、先代不動産オーナーの相続が発生し、それにより取得した土地については、一定の要件を満たすと売却時の譲渡所得税が軽減される特例制度があります。これを、「取得費加算の特例」といいます。相続により不動産を数多く取得した相続人で相続税の納税資金が不足している場合において、納税資金確保のため、土地を法人に売却するケースで数多く活用されています。土地を取得する法人は、銀行から借入をする必要がありますので、実行にあたってはスムーズに返済できるかの検討も必要です。

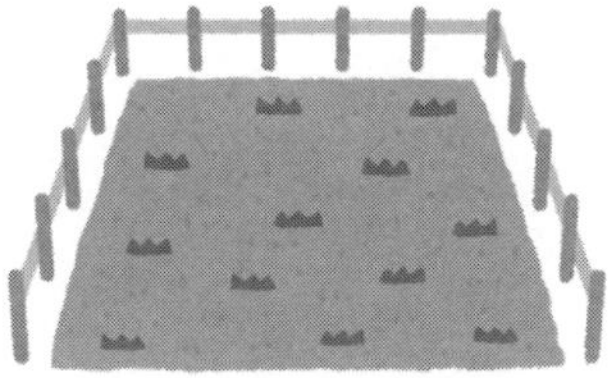

相続税の取得費加算の特例

【例】

相続資産の内訳

土地A	20,000万円	総合計31,000万円
土地B	10,000万円	
現　金	1,000万円	

相続税額　5,000万円

土地Bを　12,000万円で法人に売却した時

収入金額　12,000万円 (1)

取得費

(1) × 5% ＝ 600万円 (2)

相続税加算額

$$\text{相続税}5{,}000\text{万円} \times \frac{10{,}000\text{万円}}{31{,}000\text{万円}} \fallingdotseq 1{,}612\text{万円} \quad (3)$$

譲渡経費　420万円 (4)

譲渡所得　(1) − (2) − (3) − (4) ＝ 9,368万円

譲渡税額　≒ 1,874万円　(長期譲渡所得税15%、住民税5%)

取得費加算1,612万円を利用した分　約322万円 (1,612万円×20%) 減額することができます。

定期借地権設定契約書

賃貸人○○○○（以下「甲」という）と賃借人○○○○（以下「乙」という）との間において、次の通り定期借地権設定契約を締結する。

（目　的）

第１条　甲はその所有する後記土地（以下「本件土地」という）を、後記建物所有の目的をもって乙に賃貸し、乙はこれを賃借する。

（賃貸借期間）

第２条　賃貸借の期間は、令和○○年○○月○○日から令和○○年○○月○○日までの50年間とする。

　２　前項の賃貸借の期間は更新しないものとする。

　３　第１項の期間が満了する場合およびその期間が満了した後、乙が本件土地の使用を継続する場合にも、乙は契約の更新を請求することができない。

（賃　料）

第３条　賃料は１カ月金○○○○円とし、乙は、毎月末日までに翌月分を甲の住所に持参して支払う。ただし、その賃料が経済事情の変動、公租公課の増額、近隣の賃料との比較等により不相当となったときは、甲は、契約期間中であっても、賃料の増額の請求をすることができる。

（転貸等の禁止）

第４条　乙は、次の場合には、事前に甲の書面による承諾を受けなければならない。

①　乙が本件土地の転貸をするとき。

②　乙が本件土地上に所有する建物を改築または増築するとき。

（契約解除）

第５条　乙が次の一つに該当した時は、甲は催告をしないで直ちに本契約を解除することができるものとする。

①　３カ月分以上の賃料の支払いを怠ったとき。

②　賃料の支払いをしばしば遅延し、その遅延が本契約における甲と賃借人との信頼関係を著しく害すると認められるとき。

③　乙が、前条の規定に違反したとき。

④　その他、本契約に違反したとき。

（建物再築）

第６条　第２条第１項の期間の満了前に、乙が本件土地上に所有する建物が滅失し（乙による取壊を含む）、乙が新たに建物を築造した場合でも、本契約は第２条１項の期間の満了により当然に終了するものとする。

2　第2条第1項の期間の満了前に乙が本件土地上に所有する建物が滅失した場合においては（乙による取壊を含む）、乙は、本契約の解約を申入れることができる。

3　前項の場合においては、賃貸借契約は、解約の申入れがあった日から3カ月を経過することによって消滅する。

（明渡し）

第7条　乙は、本契約終了の時、本件土地を現状に回復して直ちに甲に明け渡さなければならない。

2　乙は、甲に対し、本契約終了の時に本件土地上に所有する建物その他乙が土地に付属させた物の買取りを求めることはできない。

3　乙は、本契約が終了した場合において、現実に本件土地の明渡しをしない間は、賃料相当額の2倍の損害金を支払う。

（立退料）

第8条　乙は、本件土地の明渡しに際し、甲に対し、移転料その他これに類する金銭上の請求をしない。

上記契約の成立を証するため、本契約書2通を作成し、甲乙各1通を保有するものとする。

令和　○○年　○○月　○○日

甲　住所
○　○　○　○　　印

乙　住所
○　○　○　○　　印

記

（土地）
所　　在　○○市○○町○○丁目
地　　番　○○番
地　　目　宅地
地　　積　○○m^2

（土地）
所　　在　○○市○○町○○丁目
家屋番号　○○
種　　類　○○
床 面 積　○○m^2

第4章

事業運営方式の選択と移行の留意点

第４章 ここがポイント

事業運営方式の選択基準

「管理委託方式」、「一括賃貸方式」、「不動産保有方式」の３パターンのうち、どの事業運営方式を選択するかは、「節税などの経済的効果」と「発生するコストや障害」がポイントとなる。

事業運営方式の比較

３つの事業運営方式は、節税効果だけでなく手間やリスクなどを加味した複合的な視点から比較検討する。

管理委託方式の問題点

「管理委託方式」は導入は容易であるが、次の問題点がある。

① 不動産管理会社の運営で近年問題となっている税務調査リスクがある。

② 他の事業運営方式と比べて節税効果が少ない。

✔ 管理委託方式から一括賃貸方式への移行ポイント

不動産管理会社は、毎月オーナーに定額賃料を支払うことになるので、空室により不動産管理会社の収入が減少して赤字にならないように注意が必要となる。

✔ 管理委託方式から一括賃貸方式への移行手続

変更時には入居者との賃貸契約書や入金口座を変更し、オーナーと不動産管理会社の賃料設定や敷金等の精算、不動産管理会社の修繕費等の負担項目などを決定する。

✔ 管理委託方式から不動産保有方式への移行ポイント

オーナーから不動産管理会社へ建物を売却する際の価格設定や、移転時に発生する売却・取得にかかる税金を加味しても将来的に節税効果が大きくなるかがポイントとなる。

✔ 管理委託方式から不動産保有方式への移行手続

建物売却手続と、オーナーから不動産管理会社への土地賃貸契約および地代設定が必要になる。建物にかかる経費はすべて不動産管理会社が負担し、入居者との賃貸契約や入金口座の変更も行う。

第4章

事業運営方式の選択と移行の留意点

1　事業運営方式の選択

不動産管理会社を設立することのメリットやデメリットは第2章で、不動産管理会社の運営方式については第3章でご理解いただけたと思います。

しかし、節税メリットを享受するため不動産管理会社を設立しようと考えたときに、どの運営方式にするか判断に迷うところです。節税による経済効果だけでなく、その運営方式を選択・変更する場合のコストや障害をふまえて、実行前には専門家と相談して自分に最適な運営方式を決定しましょう。

(1)　節税による経済効果

①　不動産オーナー個人の所得額

オーナー個人の所得額が多いほど、節税効果は大きくなります。

②　不動産管理会社の業務に従事できる家族の人数

人数が多いほど所得が分散されて節税効果が大きくなります。

③　不動産オーナー個人や、業務に従事する家族の所得の状況

給与所得がある場合は不動産管理会社から支払う給与に対

する給与所得控除額はあまり多くなりません。

④　将来の入居率や家賃相場、修繕費など不確定要素の予測

現在の不動産収支だけでなく、不確定要素があったとしても、ある程度予測して管理費等を設定しないと節税効果が少なくなります。

⑤　相続税の節税

不動産管理会社の株主を不動産オーナーの親族とすることで、不動産管理会社に蓄積される利益は親族のものとなり、不動産オーナーの相続財産にならないため相続税を節税できます。

(2)　運営方式を選択・移行する場合のコストや障害

①　不動産を移転する場合の移転費用

不動産保有方式で建物を移転する場合、登録免許税や不動産取得税などの費用が多額になるため、節税効果が少なくなります。

②　不動産を移転した場合の売却益

不動産保有方式で建物を移転する場合、不動産オーナーから不動産管理会社への売却となるため、売却益がでれば譲渡所得税が課税されます。

③　不動産オーナー個人に借入金がある場合

不動産オーナーが銀行からの借入金で不動産を取得・建築している場合は、不動産に抵当権が設定されているため、不動産保有方式への変更は銀行との交渉が必要になります。管理委託方式や一括賃貸方式でも、不動産オーナーが借入金の返済原資を不動産収入としていると、所得分散により不動産オーナー個人の不動産収入が減ってしまいます。

④　不動産管理業務の発生

管理委託方式と一括賃貸方式は不動産オーナー個人と入居

者の間に不動産管理会社が入るため、業務区分を明確にして契約を締結し、契約に沿った業務の実施と入出金管理を行う必要があります。

⑤　入居者との契約変更

節税メリットの大きい一括賃貸方式や不動産保有方式は、貸主が変更になるため、入居者との契約や入金口座を変更してもらう必要があります。

⑥　保守会社等との契約変更

不動産保有方式で所有者が変更になる場合は、保守契約、清掃契約などを変更する必要があります。

このように、節税効果だけでなく、不動産オーナーの状況（現在・将来）や意向など、様々な情報から運営方式を検討する必要があります。

運営方式の比較

	管理委託方式	一括賃貸方式	不動産保有方式
節税効果	△	○	○
業務量	○	△	○
費　用	○	○	△
空室リスク	○	△	○
オーナー借入金有	△	○	△

上記の比較は一項目ごとにみた比較であるため、オーナー所得金額などの状況や、上記項目を複合的に判断する必要があります。

節税効果だけでなく、各項目を加味した運営方式ごとのメリット・デメリットの例示は、次のようになります。

例4－1　管理委託方式

管理業務の実施と、管理料の支払いだけで業務量は少ない。また、管理料が収入に対して何％という設定であれば、空室が増えても不動産オーナーと不動産管理会社の収入バランスが崩れない。しかし、所得分散の効果は低い。

例4－2　一括賃貸方式

所得分散効果が高く、不動産オーナーに借入金があっても返済額以上で不動産管理会社に賃貸すれば返済に支障は出ないため不動産オーナーのリスクをコントロールできる。しかし、空室リスクは不動産管理会社が負い、入居者からの賃料が減っても不動産オーナーには契約した賃料を支払う必要があるため、不動産管理会社に赤字が出るリスクがある。したがって、空室率が高い物件には不向き。また、賃料の精算や、経費支払いの負担者区分など業務量は多くなる。

例4－3　不動産保有方式

所得分散効果が高く、収入も経費も会社で処理するため業務区分は明確であるが、不動産移転時に登録免許税や不動産取得税等の費用が発生する。また、借入金があり不動産に抵当権が設定されている場合は、借り換えや抵当権の解除と再設定など銀行との交渉が必要になる。

2 管理委託方式の問題

管理委託方式の問題として、ⓘ税務調査での否認リスクと、ⓘⓘ節税効果が他の２つの方式より少ない、という点があげられます。

(1) 税務調査での否認リスク

管理委託方式は、不動産管理会社を設立して、その会社に不動産オーナーが管理業務を委託し、管理料を支払うだけであるため導入が容易です。

そのため、不動産管理会社の多くは管理委託方式を採用しています。

しかし、管理業務の実態がない、あるいは実際に行っている管理業務に対して管理料が高額であるなど、近年では税務調査で否認される事例も多くなっています。

管理料が高額であるか否かは、他の管理会社に委託するといくらになるか、世の中の相場に照らして判断されます。

外部の不動産管理会社に委託する場合、管理料が高ければ別の不動産管理会社を探すか、もしくは自分で管理を行うと思います。

不動産オーナーが管理内容や管理料を恣意的に決定できるからこそ、税務調査で問題が起きないようにきちんと業務区分を明確にし、その業務に対する管理料を検討しておきましょう。

税務否認のリスクを軽減するためにも、委託している管理業務の内容を変更した場合には、管理料率を変更するなどして、常にバランスをチェックしておくことをお勧めします。

(2) 節税効果が少ない

第３章で述べたとおり、管理料の相場としては３～８％が一般的なので、年間1,000万円の不動産収入に対し、８％で計算しても年間80万円の管理料となり、それに対する節税効果はそれほど大きくありません。

不動産管理会社を活用する大きな目的は節税だと思いますので、管理委託方式では効果が薄れてしまうということも大きな問題となります。

このように、管理委託方式には、管理業務と管理料のバランスが悪いと税務調査で否認されるリスクがあり、バランスよく運営すると目的である節税効果が薄れてしまうという二律背反の問題がついて回ります。

手間をかけずにできる範囲で節税ができればよいという考え方であれば、管理委託方式で問題ないと思いますが、不動産管理会社を設立したからには最大限の節税効果を享受したいという考え方であれば、一括賃貸方式か不動産保有方式での運営がよいでしょう。

新たに購入する不動産であれば、オーナーが購入して一括賃貸方式にするか、不動産管理会社が購入して不動産保有方式にすれば問題ありませんが、既に管理委託方式で運営している物件について、運営方式を変更する場合には、手続きや費用などを把握したうえで行いましょう。

3　管理委託方式から一括賃貸方式への移行

管理委託方式から一括賃貸方式へ移行する場合、不動産の所有者は不動産オーナーのままですが、次の点が変更となります。

(1)　不動産オーナーと不動産管理会社の賃貸借契約
(2)　入居者と不動産管理会社の賃貸借契約（転貸借）
(3)　不動産オーナーと不動産管理会社の管理契約の内容

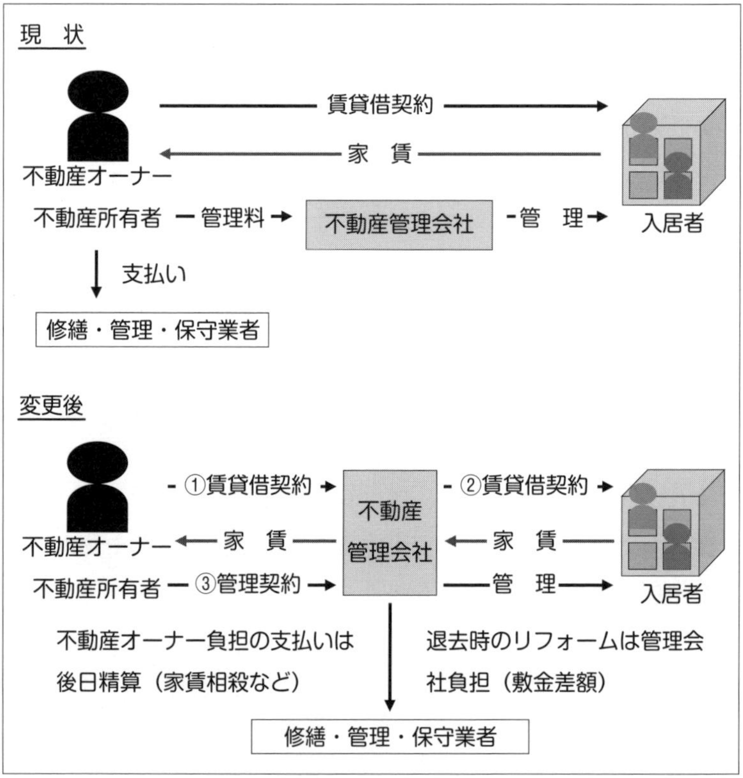

(1) 不動産オーナーと不動産管理会社の賃貸借契約

管理委託方式では、不動産オーナーと入居者の賃貸借契約でしたが、一括賃貸方式に変更すると、不動産オーナーと不動産管理会社が一棟（複数の部屋）の賃貸借契約を結ぶことになります。

契約の際に決定するべき事項として、主に次の項目があります。

- 月額賃料
- 敷金等
- 支払い時期
- 修繕費等の費用負担

月額賃料は、不動産管理会社が赤字にならないように、空室リスクなどを考えながら決定する必要があります。不動産オーナーは収入が減るものの、空室リスクがなくなり一定賃料が見込めるのがメリットですが、不動産管理会社に赤字が出てしまっては節税効果が薄れますので、節税効果が最大になるように賃料のバランスをはかるのがポイントです。

入居者からの敷金・礼金・更新料などは不動産管理会社に帰属しますが、一方で不動産管理会社は、不動産オーナーに月額賃料を基準に決定した敷金を支払う必要があります。

その際に、管理委託方式のときに不動産オーナーが入居者から預かっている敷金と、移行時に決定する敷金の差額を支払ってもかまいません。

その他契約書の細かい内容につきましては、第３章の一括賃貸方式の契約書サンプル（P76）をご参照ください。

(2) 入居者と不動産管理会社の賃貸借契約

上記(1)で、不動産オーナーと不動産管理会社が賃貸借契約を結んだので、各入居者との賃貸借契約は不動産オーナーから不動産管理会社に移行されます。

その際に、入居者との間で主な注意事項として、次の項目があります。

- 入居者との賃貸借契約の変更（もしくは通知書の発送）
- 家賃振替口座の変更
  （既に不動産管理会社の口座で家賃管理を行っている場合は変更不要）
- 保証人への通知

貸主が変更になったわけですから、契約書を変更するのが一番明確な方法です。しかし、貸主が変更になっても入居者との契約や敷金などは、不動産オーナーから不動産オーナーの同族の不動産管理会社が引き継ぎますので、貸主の都合で契約書を差し替える手間を省略するために、「貸主は変更になったが契約内容はそのまま」といった内容の通知書を発送する方法もあります。ただし、契約内容はそのままでも振込口座の変更は必要になりますので、入居者へのフォローはしておきましょう。

入居者としては、突然通知書が来て振込先を変更するように依頼されても、それが本当なのか判断に迷います。送付状などに、入居者が確認できるように旧貸主（不動産オーナー）の連絡先を記載し、次回更新時には新賃貸人（不動産管理会社）との契約書に変更すること、さらに入居者が確認を取れるまでは旧振込口座に振り込んでも対応する旨を記載しておきましょう。

しかし、いつまでも旧口座に振り込まれると、新口座への振

一括賃貸方式　賃貸人変更通知書（サンプル）

賃借人 ＿＿＿＿＿＿＿＿ 殿

賃 貸 人 変 更 通 知 書

令和　　年　　月　　日

賃貸人 住所＿＿＿＿＿＿＿＿＿＿＿＿＿＿＿＿

氏名＿＿＿＿＿＿＿＿＿＿＿＿＿＿＿＿ 印

私、　　　　　と貴殿との間で令和　　年　　月　　日付で締結しました下記表示賃貸物件を、下記の新賃貸人　　　　　　と賃貸契約を締結したことをご通知申し上げます。

また、貴殿との賃貸借契約は、新賃貸人との転貸借契約として引き続き同一の賃貸借条件にて継承されることになりましたので、よろしくお願い申し上げます。

なお、賃貸料の支払いについては令和　　年　　月分より下記口座にお振り込み下さるようお願い申し上げます。

記

1．新賃貸人

住　所	
氏　名	
電話番号	－　　－

2．賃料支払先

振込口座	銀行　　　　支店 普通　　　口座番号
名 義 人	

3．賃貸物件の表示

上記の通り私が賃貸人になりましたので、よろしくお願い申し上げます。

新賃貸人 住所＿＿＿＿＿＿＿＿＿＿＿＿＿＿＿＿

氏名＿＿＿＿＿＿＿＿＿＿＿＿＿＿＿＿ 印

替処理で手間が増えてしまい、税務上もトラブルになる可能性があるため、送付から２カ月ほど経っても旧口座に振り込まれる入居者にはこちらから連絡をしましょう。

また、契約時の保証人に対しても、貸主変更の通知書を送付して後々トラブルにならないよう注意しましょう。

(3)　不動産オーナーと不動産管理会社の管理契約

不動産の所有者は不動産オーナーですから、建物本体や浄化槽、受水槽、エレベーターはもちろん、門扉・塀などの修繕や管理に必要な費用は不動産オーナー負担となります。

不動産管理会社は、賃貸経営を行うために必要な退去時のクロスや畳の張替え、室内クリーニング、共用部分の水道光熱費や電球などの費用を負担することが一般的です。入居者が負担すべき費用もあるため、預かっていた敷金から相殺して返金することも不動産管理会社の業務です。

管理委託方式の場合は、費用はすべて不動産オーナーが負担し、不動産管理会社は管理だけを行っていればよかったのですが、一括賃貸方式に変更する場合は不動産オーナーと不動産管理会社との費用負担は明確に区分し、不動産管理会社が支払った後で不動産オーナー負担経費分を精算するようにしましょう。

4 管理委託方式から不動産保有方式への移行

管理委託方式から不動産保有方式へ移行する場合、不動産の所有者が不動産オーナーから不動産管理会社に移転します。

土地・建物を移転することも可能ですが、移転時の費用を抑えるために建物のみを移転するケースをご紹介します。

(1) 不動産オーナーから不動産管理会社へ建物を売却
(2) 不動産オーナーと不動産管理会社の土地賃貸借契約
(3) 入居者と不動産管理会社の賃貸借契約

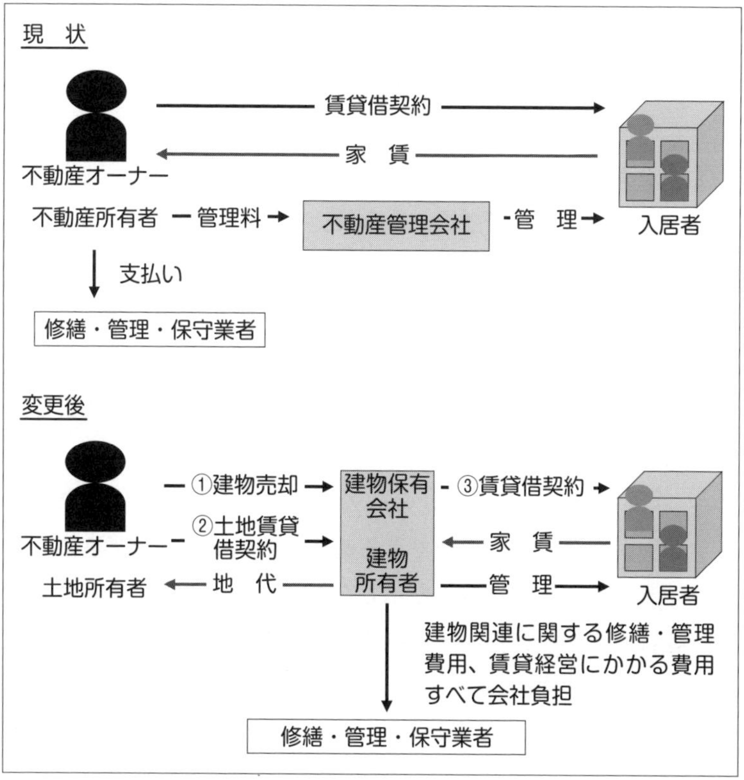

(1) 不動産オーナーから不動産管理会社へ建物を売却

建物を売却する際のポイントは、次の３つとなります。

① 売却価格の決定

第３章で述べたように、売却価格が安く収益率の高い建物が理想です。

ただし、安い価格が理想であるといっても、通常の取引価格よりも著しく低い価格で売却すると会社側で受贈益課税をされるリスクがあります。さらにその価格が時価の２分の１未満の場合は、不動産オーナー側も時価で売却したとみなされる「みなし譲渡」の規定が適用されてしまいます。

現在の建物帳簿価額や固定資産税評価額、標準的な建築価額（譲渡所得の計算で使用される建築年・構造別の建築価額表）など、複数の客観的資料から価格を算定しましょう。

規模の大きい建物を売却する場合は、多少費用が発生しても不動産鑑定士に評価を依頼することをお勧めします。

② 会社の購入資金

会社側で建物を購入する資金について、管理委託方式のときに資金が蓄積されていれば特に問題ありませんが、通常は親族へ給与として支払ってしまっていますので、購入資金がない場合がほとんどです。

そのような場合の不足資金の調達方法として、「銀行借入」と「出資」の２パターンがあります。

「銀行借入」は、会社の過去３期の決算書が黒字であり、建物からの収入で返済できる範囲であれば、交渉できるでしょう。仮に銀行が難色を示したとしても、不動産を移転する趣旨の説明や、担保・保証人などを設定すれば借入れは可能と思われます。

「出資」は、この建物（その敷地）を相続予定の不動産オーナーの親族が一部でも資金を出すほうが望ましいでしょう。出資することにより会社の「財産権」を取得し、会社の資産である建物や、今後建物から得られる利益について、出資持分（株式数の割合）は出資者のものとなるからです。

親族には資金を出させたくないということであれば、不動産オーナーが出資しても構いませんし、銀行借入との併用でもよいかと思います。

不動産管理会社の株式については、様々な対策で株式の評価を下げて、不動産オーナーから親族への贈与という方法もあります。

③　移転時の税金

不動産の売却・取得には次の税金が課税されます。不動産オーナー一族の管理会社が所有するとはいっても実態は今までと変わらないわけですが、名義を変更するため、これらの税金の支払いは免れません。概算税額を出したうえで、節税効果とどちらが有利か十分に検討しましょう。

(イ)　オーナー

(i)　譲渡所得税等

不動産オーナーに売却益（売却価格＞建物簿価）が生じると、売却益に対して譲渡所得税が課税されます。税率は短期所有（５年以下）の場合39%、長期所有（５年超）の場合20%になります（所得税・住民税）。

逆に、売却損（売却価格＜建物簿価）が生じた場合、同じ年に他の不動産の売却益がある場合には損益通算ができますが、給与所得や不動産所得（賃貸事業）など他の所得との損益通算はできません。

つまり、売却価格が建物簿価と同じ程度が望ましいということです。

(ii) 消費税等

不動産オーナーが賃貸事業で消費税の課税事業者である場合、建物売却価格には消費税が発生します。1,100万円で売却した場合、100万円は税務署に納税します。不動産管理会社も課税事業者であれば、会社側で課税仕入として控除することはできますが、会社が課税事業者でない場合は控除できずに会社が最終負担者となります。

不動産オーナーも課税事業者でない場合は、売却した年の申告については問題ありませんが、２年後に課税事業者に該当するかどうかの判定に影響が出ます。

(ロ) 不動産管理会社

(i) 登録免許税

建物の所有者が変更になりますので、所有権を明確にするために登記が必要になります。登記時には建物の固定資産評価額に対して２％の登録免許税を納める必要があります。

手続きは法務局で行いますが、登記に必要な書類や売買契約書の作成などを司法書士に依頼すると、別途司法書士手数料が発生します。

(ii) 不動産取得税

不動産を取得した場合、不動産の移転という事実に着目して不動産取得税が課税されます。不動産を取得する方は担税力があるということで課税される流通税の一種です。

建物の固定資産税評価額に対して、住宅は３％、非住宅は４％の税率で課税されます。不動産所在地の都道府県に対し、取得の日から30日以内に申告するように定められていますが、申告をしなかった場合でも登記情報から不動産を取得した方へ納付書が送られてきます。

(2) オーナーと不動産管理会社の土地賃貸借契約

建物を不動産管理会社に売却すると、不動産オーナーが地主、不動産管理会社が借地人という契約関係になります。税法では借地権の取扱いが非常に難解に定められていますので、十分注意して契約をしましょう。

① 無償返還の届出

第3章に借地権の問題について解説していますが、借地権の取引慣行がある地域では、借地人が地主に権利金を支払わないと、地主が借地人に「権利金をあげた」とみなされ課税されてしまいます。それを避けるために借地人が地主に「相当の地代」を支払う方法もありますが、実務上多く採用されるのは、地主と借地人が連名で無償返還の届出を税務署に提出する方法です。

この届出は、将来借地人が地主に無償で土地を返還することを定めたもので、会社の所轄税務署に提出すれば権利金の認定課税は避けられます。

また、相続時の取扱いで、借地権は発生していないものの、建物の賃借権を考慮して土地の評価額から20%を控除できることも実務上多く採用される理由でしょう（下記の使用貸借の場合は評価減なし）。

無償返還についての定めは、税務署に提出するだけではなく、土地賃貸借契約書にも記載しておきましょう。

② 地代の設定

地代設定の際に、「使用貸借」または「賃貸借」という考え方があります。

使用貸借は、無償もしくは固定資産税・都市計画税相当額の地代で抑えた契約になります。不動産オーナーに地代を支払うと、不動産オーナーに所得税等が発生するうえ、相続財産が増加するため使用貸借にしたほうが有利に思いますが、上記で記載した相続時の土地20％評価減は適用できません。

賃貸借は、固定資産税・都市計画税の合計額に対して３倍前後に設定した地代以上での契約となります。不動産オーナーは地代に対する所得税等の課税が発生し、地代相当が財産として戻ってきてしまいますが、上記で記載した相続時の土地20％評価減が適用でき、小規模宅地（会社は貸付事業なので50％）の適用も受けられます。

地代については、相続まで時間があれば使用貸借が有利であり、相続が近くなってくれば賃貸借が有利になりますので、そのあたりを考慮して設定しましょう。

(3)　入居者と不動産管理会社の賃貸借契約

入居者との契約については、管理委託方式から一括賃貸方式への変更（P110）とほぼ同様の手続きとなります。

違いといえば、建物の所有者が不動産管理会社になっているため、オーナーチェンジをしていることが謄本などで明確になり、入居者や保証人に対して説明がしやすい点でしょう。

第5章

会社設立の手順と運営管理の留意点

第5章 ここがポイント

☑ 不動産管理会社を設立する目的

不動産オーナーが不動産管理会社を設立する目的は、「所得税の節税」、「相続財産増加の抑制」、「相続税納税資金の準備」という３つの観点がある。

☑ 不動産管理会社を設立する手順

会社の設立時に決定する資本金や株主などで将来の税額が変わったり、設立前後の繁忙期に手間がかかる作成・提出書類が多いため、多少の費用は発生しても、税理士や司法書士の専門家に委ねることをオススメする。

✔ 法人の種類と選定ポイント

いくつかある法人の形態のうち、本書では「株式会社」と「合同会社」について特徴を比較している。実際には、目的に合った会社形態を選定するのがポイント。

✔ 株主と役員の選定ポイント

不動産管理会社を設立して運営を行っていく際に重要となる、株主と役員の選定で節税効果や将来の相続税も変わってくる。

✔ 管理業務を行っていく際の留意点

会社設立後の運営について、管理業務区分の明確化・管理業務量と報酬のバランス・管理実態を残すということを意識しておかないと税務署に否認されるリスクがある。

✔ 不動産管理会社を設立する判断基準

まずはオーナー本人や親族の所得税と住民税、そして社会保険料の減少額を判断基準の１つとして、相続税対策については長期的判断が必要になるため専門家に依頼することが賢明。

第5章

会社設立の手順と運営管理の留意点

1　会社設立の目的

不動産オーナーが不動産管理会社を設立すると、個人の確定申告に加え、会社側で次のような手間が生じます。

- 不動産管理会社の記帳や法人税の確定申告
- 不動産管理会社から給料を支払う人への源泉徴収事務や年末調整、社会保険事務
- 個人と法人のお金を区別する煩わしさ

さらに、会社の設立費用や、赤字でも発生する地方税の均等割額、設立までのスキームと設立後の記帳および申告を税理士に依頼すれば手数料などのコストも増加することになります。

今までは、不動産オーナーが個人の確定申告だけをすればよかったものを、わざわざ手間やコストを増加させて不動産管理会社を設立する目的としては、デメリットを上回る所得税や相続税などの節税メリットを享受すること、そして相続税納税資金の準備をすることが考えられます。

詳しくは、第２章のメリット・デメリットを参照ください。

2 目的の種類

(1) 所得税の節税

不動産から生じる家賃や地代は、所有者である不動産オーナーに帰属します。個人の所得税は、超過累進税率で高所得者ほど税率が高くなるしくみになっているため、課税対象となる所得が増加するほど、負担する税金も重くなってきます。

賃貸不動産を数多く所有している方や、賃貸不動産からの収入の他に経営している会社から高額な給与がある方などは、所得が1,800万円を超える部分について、所得税・住民税を合わせて約50%の税金を納税しています。

そこで、設立した不動産管理会社に管理業務を委託するなどして、管理料を支払うことで不動産オーナーの所得を減少させるのです。不動産管理会社には管理料収入が計上されますので、実際に管理を担当する人に給与を支払います。

結果として、不動産オーナーの税率が高い所得部分を、不動産管理会社から税率の低い親族などに給与として分散することで、所得税の節税となります。

給与の支払いをしたあとに、不動産管理会社に利益が残っていたとしても、高額所得者である不動産オーナーの所得税より低い法人税率で課税になりますし、給与以外に退職金準備保険への加入などで、法人税を節税することも検討できます。

例５－１　所得税の節税効果

所得税の節税効果について、「管理委託方式」を用いた場合の例を説明します。

第３章でみてきたように管理委託方式のもとでは、オーナーの家賃収入の一部を不動産管理会社に転嫁し、不動産管理会社からオーナーの親族に給与を出すことで、一箇所に集まるはずの所得を分散させることができます。

転嫁できる収入の割合は全体の10％弱にすぎませんが、税率の高いオーナーから、税率の低い親族に移す効果はかなり大きなものとなります。

また、給与収入からは給与所得控除を差し引くことができるのも魅力です。

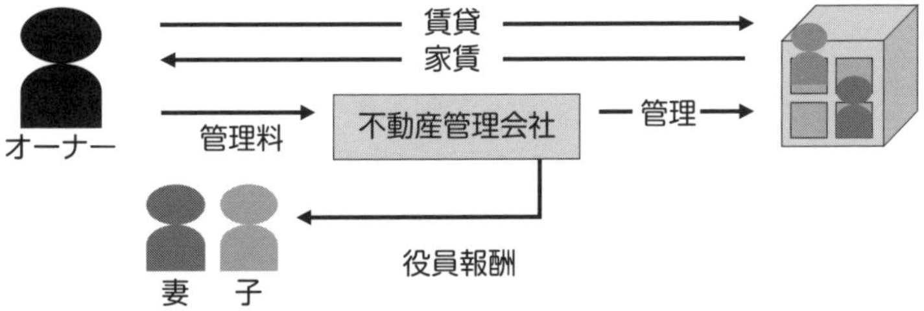

前　提

- 所得税以外の税金と所得控除は考慮しない
- オーナーの親族　妻と子の２人
- 家賃収入　年間4,000万円
- 不動産経費　年間1,000万円
- 不動産管理料　収入の10％と仮定
- 不動産管理会社の収入のすべてを妻と子への給料として半額ずつ支給

不動産管理会社なし

オーナーの税額

経 費 1,000万円	家賃収入 4,000万円
課税対象 3,000万円	

4,000万円－1,000万円＝3,000万円

3,000万円 × 所得税率⇒920.4万円

不動産管理会社あり

オーナーの税額

経 費 1,000万円	家賃収入 4,000万円
管 理 料 400万円	
課税対象 2,600万円	

4,000万円－1,000万円－(4,000万円×10%)＝2,600万円

2,600万円 × 所得税率⇒760.4万円

不動産管理会社の税額

給 与 400万円	管理料収入 400万円

400万円－400万円＝0円
⇒0円

妻と子の税額

給与所得控除 78万円 ×2人	給与収入 200万円 ×2人
課税対象 122万円 ×2人	

200万円－78万円＝122万円

122万円 × 所得税率⇒6.1万円
6.1万円 ×2人＝12.2万円

9,204,000円－(7,604,000円＋0円＋122,000円)＝1,478,000円
⇒ 所得税の節税効果　147.8万円

(2) 相続財産増加の抑制

不動産管理会社を検討される方の多くは、所得税と同時に相続税の悩みを抱えていると思います。

親から相続した賃貸不動産を複数所有している、あるいは所有する土地の相続税対策として賃貸不動産を建築しているなど、不動産収入が多額になっている方も多いと思います。

不動産オーナー自身の相続を考えた場合、所有不動産だけでも相続税が多額になるのに、不動産収入から経費や所得税などを指し引いた後の資金が、相続財産として毎年増加していくことになります。

そこで、不動産管理会社に管理料を支払い、その管理料を給与として相続人などに支払うことで、不動産オーナーに入るべき所得の一部を分散し、相続財産の増加を防ぐことができるのです。

(3) 相続税納税資金の準備

複数の賃貸不動産を所有されている方は、当然相続税も多額になることが予想されます。相続税を支払える額の現預金や、すぐに換金できる株式などが相続財産に含まれていれば、納税に対して特に頭を悩ませる必要はありません。

しかし、当然のことですが、相続する現預金や株式にも相続税は課税されます。

相続税が課税されないように、相続人に生前贈与をするのも有効ですが、贈与する金額によっては高額な贈与税が発生します。

そこで、贈与税が課税されないように、基礎控除額である110万円以内の金額を数年にわたって贈与しながら、不動産管理会社の管理業務を相続人が行うことで、給与としても現預金を移管し、将来の相続税納税資金の蓄えとする方法が有効です。

例5－2　相続税対策

(2)と(3)の相続税対策について、例5－1のシチュエーションを10年続けた後に、相続が発生した場合の例で説明します。相続税額の変化は次のとおりです。

前提（追加）

- 不動産管理会社の株主は相続人となっているため、会社株式は相続財産に含まれない
- 不動産収入で得られた収入以外の財産は、預貯金1,000万円、当該不動産４億円、不動産ローン債務残高２億円とする
- 子に毎年100万円ずつを贈与している
- 配偶者の税額軽減考慮前で比較している

不動産管理会社なし

税引後家賃収入：4,000万円－1,000万円－920.4万円＝2,079.6万円(約2,080万円)
相続税基礎控除額：3,000万円＋600万円×２(法定相続人の数)＝4,200万円

(相続財産４億1,000万円＋税引後家賃収入2,080万円×10年－ローン残高２億円－相続税基礎控除4,200万円)×相続税率　⇒　１億1,640万円

不動産管理会社あり・生前贈与あり

相続財産：預貯金は毎年100万円を贈与しているため、不動産４億円のみ
税引後家賃収入：4,000万円－1,000万円－400万円－760.4万円
＝1,839.6万円（約1,840万円）

(相続財産４億円＋税引後家賃収入1,840万円×10年－ローン残高２億円－相続税基礎控除4,200万円）×相続税率　⇒　１億280万円

１億1,640万円－１億280万円＝1,360万円
⇒相続税の節税効果　1,360万円

3　設立の手順

会社法の改正により法人の設立手順は以前に比べ簡素化されましたが、それでも初めての人にとっては必要書類も多く、手続きも煩雑なので書類の作成や登記の申請は司法書士などに委託することをお勧めします。この場合、登記に必要な登録免許税とは別に、司法書士報酬が必要となり、報酬の相場は５万円前後です。

下記は、一般的な株式会社について設立の手順を記しています。★はオーナー自身が行わなくてはならない項目です。

(1)　基本事項の検討★

①　社名・本店所在地を決める

本店所在地はお住まいの住所地で結構です。

②　会社の決算期を決める

自由に決められますが、個人と同じ12月末とすれば個人および法人の収入区分が明確となります。

③　資本金を決める

自由に設定できますが、1,000万円未満であれば、地方税の均等割が最低額（年７万円）になり、収入額等によっては消費税の納税が２年間免税となります。

④　株主（出資者）と役員を決める

自由に決められますが、選定のポイントは本章の５で詳述します。

(2)　事前準備★

①　株主および役員となる人個人の印鑑証明書を取得する

住民票に記載されている住所の市区町村役場で取得します。

② 株主となる人の個人通帳を用意する

新たに口座を開設する必要はなく、お持ちの通帳で構いません。

③ 法人の印鑑を作成する

法人の名入りの印鑑を作成します。

(3) 定款等の書類作成

定款・発起人決定書・印鑑届出書などの各種書面を作成します。

(4) 資本金の入金

用意した口座に資本金の額を入金します。

(5) 定款認証・登記申請

法務局に必要書類を提出します。

登記申請を行った日が法人の設立日になります。

定款は公証人役場で認証を受けます。

(6) 届出書の提出

登記完了後、所轄の税務署および都税事務所・年金事務所等に以下の書類を提出します。

① 税務署

会社の設立と給与の支払の開始を税務署に届け出ます。

また、税制上様々な面で有利となる「青色申告」により申告を行う旨の届出をあわせて提出します。

・「法人設立届出書」

※提出期限：設立時から２カ月以内

・「給与支払事務所等の開設届出書」

※提出期限：事務所等開設から１カ月以内

・「青色申告の承認申請書」

※提出期限：設立時から３カ月以内

②　都道府県税事務所

所在地を管轄する都道府県に設立を届け出ます。東京23区以外は市区町村にも届出が必要です。

・「事業開始等申告書」

※提出期限：各都道府県で定める日

③　年金事務所

病気やケガで医者にかかる場合に給付が受けられる健康保険と、老後の生活保障を受けられる厚生年金に加入することを申請する書類です。

会社の場合は、その規模にかかわらず、すべての事業所で社会保険の加入が義務付けられています。

・「新規適用届」

・「新規適用事業所現況届」

・「被保険者資格取得届」

※提出期限：法人設立後すみやかに

④　公共職業安定所

従業員の失業時に給付が受けられる雇用保険に加入することを申請する書類です。

会社設立後、従業員を一人でも雇用した時点で加入しなければなりません。

・「適用事業所設置届」

・「被保険者資格取得届」

※提出期限：従業員を雇用した日の翌日から10日以内

⑤　労働基準監督署

従業員の業務上でケガに対する給付が受けられる労災保険に加入することを申請する書類です。こちらも会社設立後、従業員を雇用した時点で加入します。

・「保険関係成立届」
・「適用事業報告」
　※提出期限：従業員を雇用した日の翌日から10日以内

設立までの流れ

Step1　基本事項の検討

設立する会社の基本事項を検討します。

① 社名・本店所在地を決める
② 会社の目的（事業内容）を決める
③ 営業年度を決める
④ 資本金を決める
⑤ 出資者を決める
⑥ 代表取締役・取締役を決める　など

↓

Step2　事前準備

オーナー自身で次の3つを準備します。

① 会社印鑑の作成
② 個人通帳の用意
③ 個人印鑑証明の取得

↓

Step3　定款等の書類作成

Step1の結果を受けて、定款、発起人決定書など各種書面、振込を証とする書面、印鑑届出書など、必要書類を作成します。

↓

Step4　資本金の払込み

↓

Step5　定款認証・登記申請

↓

法人設立完了

↓

Step6　各届出書の提出

① 税務署
② 都道府県・市区町村
③ 年金事務所
④ 公共職業安定所
⑤ 労働基準監督署

4　法人の種類

法人の形態にはいくつかの種類がありますが、税金対策としての不動産管理会社であれば「株式会社」または「合同会社」とするのが一般的です。

株式会社と合同会社は、毎年の法人税等の計算には相違がありませんし、出資額までの有限責任であることも同じです。

同じ部分も多いですが、株式会社と合同会社の主な違いについて、下記に記載します。

(1)　株式会社と合同会社の違い

①　設立費用

設立時の費用は司法書士に依頼した場合、株式会社は25～30万円が相場です。

一方、合同会社は登録免許税が安いため11～15万円が相場となります。

②　役員変更登記

株式会社の役員任期は最長でも10年となっており、同じ役員が再任する場合でも10年に１回は役員変更登記をしなければなりません。

一方、合同会社は任期がありませんので、実際に変更があるまで登記は不要です。

役員変更登記費用は司法書士に依頼した場合、３～５万円が相場となります。

③　意思決定機関と議決権

株式会社では、一定の議案についての意思決定機関は株主総会となります。

また、株主総会で承認を受ける際の議決権は、出資額に応じた割合となります。

一方、合同会社では、全社員（出資者）の同意があれば、物事が決定します。

同意についての議決権は、出資額ではなく１人につき１議決権となります。

④　利益の分配

株式会社では、株主が資金を出資し、株主から経営を委任された取締役がその資金を使って会社を経営します。会社に利益が出た場合、株主は出資額に応じて平等に利益の分配を受けることができます。

一方、合同会社では、資金出資者自身が会社を経営します。会社に利益が出た場合、出資者は出資額に関係なく自由に利益の分配額を決めることができます。つまり、資金出資が少ない人でも知識やノウハウなどで会社の利益に貢献すれば、相応の利益の分配を受けることができます。

⑤　株式（出資持分）の相続

株式会社の株主が亡くなった場合、株主が所有している株式は相続人に相続されます。

一方、合同会社の出資者が亡くなった場合、出資者の持分は原則として相続人に承継されません。

しかし、定款で相続人に持分の相続をする旨の定めがある場合は相続されます。

⑥　認知度（信用度）

株式会社は誰もがご存知の会社組織ですが、合同会社は新しい会社組織のため、一般の方への認知度は低いと思います。

合同会社の信用度が低いというわけではないものの、認知度が低いために信用度に影響が出ることがあるかもしれません。

	株式会社	合同会社
設立費用 （定款の認証） （登録免許税）	25万円～30万円 （５万円） （15万円～）	11万円～15万円 （不要） （６万円～）
役員変更登記	役員の任期は最長10年	任期なし
意思決定	株主総会	全員一致
議決権	出資額に応じた割合	出資額に関係なく １人につき１議決権
利益の分配	出資額に応じて分配	出資額に関係なく自由に分配
株式（持分）の相続	相続人に相続	相続人に承継されない（原則）
認知度（信用度）	高い	低い
決算の公告	公告義務あり	公告義務なし

(2) 会社形態選びのポイント

株式会社に比べて合同会社は費用面で有利であり、運営の自由度も高いことから、不動産管理会社の出資を１人で行い、運営していく場合にはメリットが多いと思います。

しかし、合同会社は「人が主体の会社」といわれているように、何かを決めたり、変更したりするためには出資者同士の同意が必要になるため、相続対策で不動産管理会社を設立する方は注意が必要です。

合同会社の出資者に不動産オーナーの相続人が複数いる場合には、相続人同士が対立する可能性があるからです。

通常の相続でも、亡くなられる方が生前、「うちの子供たちは仲が良いから相続は心配ない」と言っていたものの、そのご兄弟が遺産争いに発展することは少なくありません。

せっかく相続対策のために設立した会社に、不動産や利益を移しても、このような争いがあると逆効果になる可能性があるため、費用面だけでなく、家族構成や将来的な遺産分割なども見据えて会社形態を選びましょう。

5 株主と役員

(1) 株主の選定

株式会社の特徴として、「所有と経営の分離」という考え方があります。株主はその会社の所有者であり、役員（取締役）はその会社の経営者ということです。中小規模の会社では、株主と代表取締役が同じというケースもよく見られます。

しかし、相続対策として不動産管理会社を設立する場合、不動産オーナー自身が株主となるより、推定相続人である子供たちが株主となるほうが望ましい姿です。

なぜなら、管理収入や家賃収入により、不動産管理会社は利益を蓄積していくため、将来的に株価が上昇することが一般的です。不動産オーナー自身が株主では、株価が高くなった株式が相続財産に含まれ、税負担が増加してしまうからです。

不動産オーナーの配偶者を株主にしてもよいと思いますが、配偶者は不動産オーナーと年齢が近いことから、子供たちより先に亡くなると思われます。そう考えると、不動産オーナーの配偶者が株主になるより、子供たちが株主になったほうが、一世代相続を先延ばしできる効果があります。

合同会社でも同じことがいえますので、不動産オーナーや配偶者が出資するよりも、子供たちが出資して会社を設立するほうが、相続対策としての効果が大きくなります。

出資者は本人の金銭を出資すること

３歳の子供が500万円を出資して株主になったとしても、一般的に考えれば親のお金で出資したのではないかという疑問が生じます。もちろん、３歳でも相続などにより財産を持っていることはありえますが、普通に考えて疑問に思うことは、当然税務署も疑問に思いますので、注意が必要です。

(2) 役員の選定

不動産管理会社の設立目的の１つは、不動産オーナーに集中する不動産収入を、不動産管理会社を通じてオーナーの推定相続人に分散することで、所得税の累進税率を緩和する点にあります。

したがって、不動産オーナーが役員となって給与をもらうと、収入分散の効果が薄れてしまうため、役員にはその推定相続人の親族を就任させて給与を支払うことが、目的に合った人選になります。

しかし、役員にならなければ給与をもらえない、あるいは役員には必ず給与を支払わなければいけないということはありません。役員にはオーナーが就任し、給与は実際に業務を行っている親族にだけ支払うことも可能です。

また、役員は１人に限られないため、代表取締役はオーナーが就任し、親族は代表権のない取締役になってもよいでしょう。

ただし、役員には経営責任があり、普通の従業員より役員のほうが、また、役員の中でも代表取締役のほうが給与を高く設定できるため、実際に業務を行っている親族が代表取締役となるほうが効果的です。

管理業務を行えない人に給与は支払えない

管理業務を行えない人を役員にして、給与を支払うことがないようにしましょう。例えば、小学生の子供や、管理物件が東京なのに沖縄に住んでいる親族を役員にして給与を支払っても、税務署は認めてはくれないでしょう。

6 管理業務の留意点

(1) 管理業務の実態

建物の清掃や設備の保守、賃借人の募集や入金・未入金の管理など、不動産管理会社が実質的に不動産管理業務を行うようにしてください。

不動産管理会社が管理業務を行っていない場合には、不動産オーナーの所得の一部を会社に付け替えているだけとなり、節税ではなく脱税とみなされます。このような場合、税務調査で否認されることになるため注意が必要です。

また、管理業務を行っていることを証明するために、提供している業務について業務日誌を作成する、メールやＦＡＸといった日々の業務のやり取りを保管するなどの方法で、その実績を明確にしておきましょう。

(2) 管理料の金額

不動産管理会社は家賃の中から一定の管理料を受け取ります。どこまで管理業務を行うかによってこの割合は異なりますが、適正な管理料を上回る場合、税務署から否認されてしまう例も少なくありません。

適正な管理料として、管理委託方式については多くても８％前後、一括賃貸方式については最大でも20%といわれていますが、結局のところは委託する業務を、オーナーが設立した管理会社ではなく、別の会社に委託した場合にいくらまでなら支払うかが基準となります。

実際に不動産管理を行っている会社に、この業務なら管理料はいくらくらいになるか等を聞いて、参考にするのもよいでしょう。

(3) 費用負担の判断

不動産を管理するうえで生じる費用のうち、どのような費用を不動産オーナー（個人）が負担し、どのような費用を管理法人が負担するかについて、事前に決めておくほうがよいでしょう。例えば、エレベーターの保守管理費用や、部屋備え付けの冷暖房設備等の修繕費用は不動産オーナーが負担し、管理法人が行う管理業務において生じる清掃道具の購入費や、供用部分の電球交換の費用などは管理法人が負担します。発生する費用をなんでも管理法人の負担にしてしまうと、税務調査の際に否認されることになります。

7 法人設立の判断基準

不動産管理会社を設立するかの判断基準としては、オーナーの相続税対策として、長期的な観点で判断しなければなりません（第２章参照）。

相続税対策が必要となった場合には、所得税等の節税メリットも考慮しながら、専門家に依頼したほうが無難でしょう。

(1) 所得税の節税メリット

所得をオーナー以外の親族に分散させるために支給する給与は、不動産管理会社が得られる管理料や家賃収入から捻出しますが、上記管理業務の留意点にあるように、管理料は勝手に決めることはできません。

したがって、節税効果を期待して親族に給与を支払うためには、オーナーの不動産収入が大きな基準となってきます。オーナーの不動産収入が少ないと、ほとんど節税効果がないまま手間だけが増加して、逆に増税になることもあり得ます。

オーナーの不動産収入以外にも、給与を支払う親族の人数や給与額、不動産経費などで節税額が異なるため、次のような流れでどの程度節税メリットが出るか、何年分かシミュレーションをしてみてから判断をしましょう。

- オーナーの不動産収入がどのくらいあるか
- 管理業務内容から、不動産管理会社に支払う管理料はいくらか
- 不動産管理会社が受け取った管理料から経費を差し引いて、いくら親族に給与を支払えるか
- オーナーが管理料を支払うことで所得税・住民税の減少額はいくらか

- 不動産管理会社が支払う法人税等はいくらか
- 給与を支払った親族の所得税・住民税はいくらか

例5－3　年間節税額の概算計算

《不動産管理会社の設立を検討しているオーナーの月額収支予想》

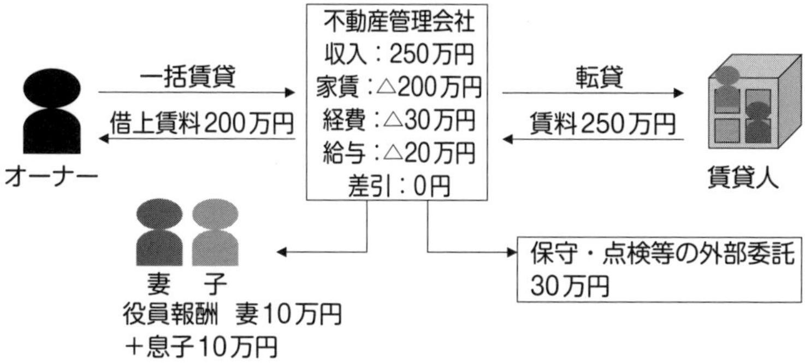

①	管理会社の収入	250万円×12カ月＝3,000万円
②	オーナーへの支払	200万円×12カ月＝2,400万円
③	妻と息子への給与	各10万円×12カ月＝120万円
④	オーナーの減少税額	600万円（①－②）×50％＝300万円
⑤	管理会社の法人税等	7万円（地方税均等割）
⑥	親族の所得税等	約2.5万円×2人＝5万円
⑦	年間節税額	④－⑤－⑥＝288万円

＊注
④のオーナーの減少税額は、税率50％で計算している。
⑥の親族の所得税等は、他に収入がなく、給与所得控除と基礎控除だけで計算している。

(2)　社会保険の活用

給与所得がない場合、オーナーは個人事業主となりますので国民健康保険と国民年金に加入することになります。不動産収入が数千万円にものぼる場合、国民健康保険の保険料は最高額に達し、年間70万円近い保険料を支払わなければなりません。

ただし、給与所得者になれば社会保険料が給与額のみに応じて決定されるため、給与額が少なければ、多額の不動産所得がありながら、社会保険料を抑えることが可能になります。

さらにオーナーと配偶者がそれぞれ国民年金に加入している場合、配偶者はオーナーの社会保険の扶養に入る選択もできるため、一家の負担はますます小さくなります。

注意点は、負担する保険料が少ないと、将来受給する年金にも影響は出てくる点と、支給する給与を多額に設定した場合、給与額に応じた社会保険料が発生するため反対に負担が重くなってしまうこともあるという点です。

以上のことから、現在のオーナーおよび家族の社会保険の加入状況も、設立判断の基準の１つとなります。

例５－４　社会保険料の概算計算

前　提

①　家賃収入　年間3,000万円

②　妻の収入はなし

③　不動産管理会社からのオーナーへの給与支給額は毎月10万円とする。

④　金額は居住地や法人の本店所在地で異なるので、概算で計算している。

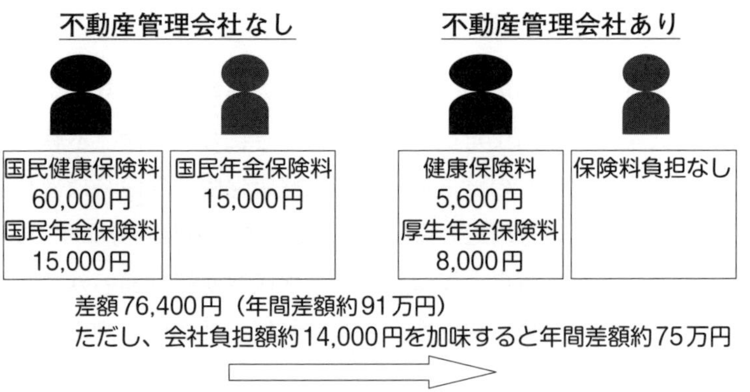

(3)　生命保険等の活用

法人は個人事業に比べ、必要経費にできる範囲が広がります。ご存知のように、個人で加入している生命保険では、どんなに多くの保険料を支払っていても所得税の計算から控除できる金額は年間で４万円までです（平成24年１月１日前に契約した生命保険料については最高で５万円まで)。

ところが、役員を生命保険や医療保険の被保険者にして会社で契約し、保険料を会社で支払うことにすれば、保険の種類にもよりますが、年間に支払った保険料の多くを法人の経費にすることができます。

節税効果を受けながら、支払った保険料は役員の退職金の原資として積み立てられます。

この節税方法は保険料というキャッシュアウトを伴うものになりますので、家計全体としての支出を抑えるためには、個人で加入している保険を法人に付け替える方法が有効です。

ただし、保険の種類により解約時の返戻率が異なりますので、加入済みの保険の種類や契約の内容を見直し、節税のメリットとの対比を図ることが重要になります。

第６章

所得税・消費税の取扱いと節税効果

第6章 ここがポイント

所得税のしくみ

☑ 不動産所得においては、事業的規模に該当するかによって変わる。
よって、5棟10室5契約に該当するようにする。

消費税のしくみ

☑ 消費税は、原則2年前の課税売上高が1,000万円を超える場合のみ課税される。

☑ 土地の貸付や住宅の貸付については、非課税売上となり消費税がかからない。
ただし、駐車場の貸付は、消費税がかかる。

☑ 不動産賃貸業については、一般的に簡易課税制度を選択するほうが有利になる。

節税対策

- ✔ 帳簿の作成により、青色申告特別控除65万円を活用する。
- ✔ 不動産管理や帳簿記帳をして、青色事業専従者給与を支払う。
- ✔ 家賃収入の期間対応処理で、収入を繰り延べる。
- ✔ 小規模企業共済制度に加入し、上手に積立てをする。
- ✔ 不動産が生む所得を家族へ移転することができるので、相続税の生前対策となり、節税効果が見込める。
- ✔ 不動産管理会社を活用する。

第6章

所得税・消費税の取扱いと節税効果

1 所得税のしくみ

所得税は、収入の種類によって10種類に分類されます。各々において、収入から支出等を差し引きして所得を計算し、その合計から所得控除を差し引いて計算した所得に対して税率を乗じて税金の計算をします。

また、累進課税制度になっているので、所得が多い人ほど高い税率（最高45%、住民税10%を含めると55%）になります。

その中で不動産賃貸に関係するのは特に、「不動産所得」と「給与所得」です。

(1) 不動産所得

不動産所得とは、不動産、不動産の上に存する権利、船舶（総トン数20トン以上の船舶をいう）または航空機の貸付け（地上権または永小作権の設定その他他人に不動産、不動産の上に存する権利、船舶または航空機を使用させることを含む）による所得をいいます。

不動産所得においては、不動産賃貸による収入、権利金や更新料（金額により譲渡所得になるものもある）の受領、礼金、敷金のうち返還不要部分、定期借地権の設定による保証金の経済的利益などの収入から、固定資産税や事業税などの租税公課、修繕費、減価償却費、借入金利息などの費用を差し引いて計算します。

主な不動産所得の経費に算入できるもの

・租 税 公 課…固定資産税、償却資産税、事業税、不動産取得税、登録免許税、印紙など
・損害保険料…建物保険料、車両保険料、従業員の社会保険料など
・修　繕　費…建物修繕補修費、メンテナンス費用、駐車場補修費など
・減価償却費…業務用資産の減価償却費
・借入金利子…借入金利息、保証料、割引料など
・地 代 家 賃…業務用に支払った地代家賃、従業員社員寮費など
・給 料 賃 金…従業員に支払った給料、アルバイト代など
・手　数　料…仲介手数料、紹介手数料、税理士報酬など
・消 耗 品 費…事務用品、除草剤など、
・そ　の　他…業務に直接必要な通信費、飲食代や香典、交際費など

(2)　不動産所得における事業的規模の判定

不動産所得において、事業的規模に該当するか、しないかにより取扱いの処理が変わってきます。一般的にこの事業規模に該当するかどうかの判定は、「実質基準」と「形式基準」とがあります。

ただし、事業所得等がある場合には、事業所得において事業的規模があると判断するので不動産所得が事業的規模でなくとも事業的規模として取り扱うことができます。

①　実質基準

原則として社会通念上事業と称するに至る程度の規模で行われているかどうかによって、実質的に判断します。

②　形式基準（5棟10室基準）

貸家等の建物5棟、アパート等の部屋室10室に該当するかどうかにより判定をします。ただし、貸し地や駐車場の貸付け等については、5契約で1室として判定をします。

実際は、形式基準により判断をすることが多いです。

事業的規模の要点一覧

各区分	事業所得	不動産所得	
		事業的規模	事業的規模以外
規模の判定	すべて	5棟10室5契約の基準により判定	
資産損失の取扱い	全額必要経費	全額必要経費	控除前の所得の金額を限度として必要経費算入
利子税	事業所得対応分が必要経費	不動産所得対応分が必要経費	必要経費に計上できない
専従者控除	控除できる	控除できる	控除できない
青色申告特別控除	条件により55万円または65万円控除できる	条件により55万円または65万円控除できる	10万円控除ができる。ただし、事業所得があれば条件により55万円または65万円控除できる

(3) 給与所得

給与所得とは、俸給、給与、賃金、歳費および賞与ならびにこれらの性質を有する給与に係る所得をいいます。

給与所得においては、給与等の収入金額から給与所得控除額等を差し引いて計算します。

(4) 所得控除

個人的事情を考慮するために所得控除があります。所得控除は、雑損控除・医療費控除・小規模企業共済等掛金控除・社会保険料控除・生命保険料控除・地震保険料控除・寄附金控除・寡婦控除・ひとり親控除・障害者控除・勤労学生控除・配偶者控除・配偶者特別控除・扶養控除・基礎控除があります。

2 消費税のしくみ

消費税においては、不動産所得や事業所得、譲渡所得などを問わず、消費税の課税される取引に係る消費税額から支払いに係る消費税額を差し引いて税額を計算します。

(1) 消費税の納税義務

個人事業の場合には、２年前の課税売上高が1,000万円を超える場合には、消費税の納税義務者になります。

ただし、当課税期間の基準期間における課税売上高が1,000万円以下であっても、当課税期間の前年の１月１日から６カ月間の課税売上高が1,000万円を超えた場合、当課税期間においては課税事業者となります。なお、課税売上高に代えて、給与等支払額の合計額により判定することもできます。

個人事業者の納税義務（相続があった場合には特例があります）

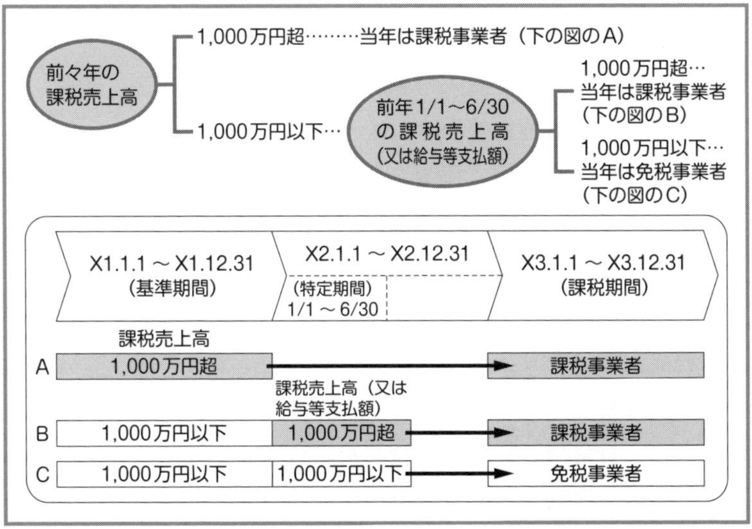

（出典）「消費税のあらまし」国税庁（令和５年６月）

法人の納税義務（合併、分割等があった場合には特例があります）

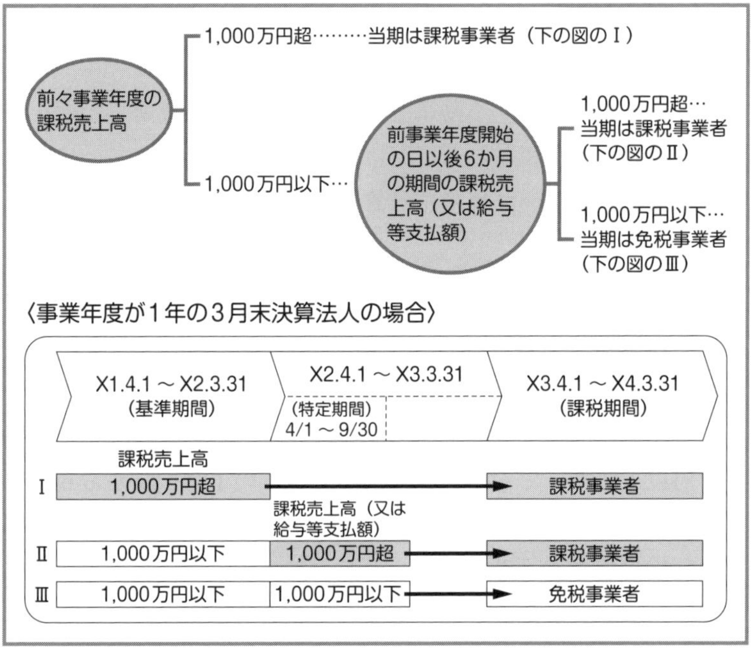

（出典）「消費税のあらまし」国税庁（令和５年６月）

(2) 消費税の課税の判定

不動産所得に係る収入（不動産の賃貸料や権利金、礼金、更新料等）は、借地権等を含む土地の貸付けに係るもの（地代）および住宅の貸付けに係るもの（住宅家賃）を除いて、課税売上となります。地代は、原則として課税売上とはなりませんが、貸付期間が１カ月に満たない場合や、駐車場などの貸付けの場合は、課税売上となります。また、住宅家賃も原則として課税売上とはなりませんが、貸付期間が１カ月に満たない場合等は、課税売上となります。

なお、貸付用の建物を譲渡した場合は、譲渡損益にかかわらず、その譲渡収入は、譲渡所得に係る収入のうち、課税売上になります。

主な勘定科目ごとの課税関係

科　目	内　容	課税関係
収入科目	課税製品の売上高、店舗・駐車場などの賃貸料収入、土地以外の固定資産の売却収入	課　税
	居住用家屋の家賃収入、土地の売却収入	非課税
	受取配当金、保険金、損害賠償金	対象外
原価科目	課税商品の仕入高、材料費、外注費	課　税
	販売用土地の仕入高	非課税
	賃金などの労務費	対象外
租税公課	個人事業税、消費税、固定資産税、印紙税、自動車税	対象外
通信費	国内電話料、国内郵便料金	課　税
	国際通信費、国際郵便料金	免　税
交際費	接待飲食費、生花・花輪等の慶弔用物品、課税贈答品の購入費	課　税
	商品券・ビール券などの購入費	非課税
	祝金・見舞金・香典など金銭による慶弔費	対象外
減価償却費		対象外
給与関係	給与のうち通勤手当分、人材派遣料	課　税
	給与、賞与、退職金	対象外
福利厚生費	研修会費、従業員の健康診断費用	課　税
	社会保険料の事業主負担分	非課税
	従業員の祝金・見舞金・香典など金銭による慶弔費	対象外
地代家賃	店舗・事務所などの家賃、駐車場の使用料	課　税
	地代	非課税

(3)　課税売上割合

国内における取引で消費税の対象となる取引のうち、消費税が課税される取引の割合となります。

【算　式】

$$\text{課税売上割合}=\frac{\text{課税期間の課税売上高等}}{\text{課税期間の課税売上高等}+\text{課税期間の非課税売上高}}$$

取引のしくみ

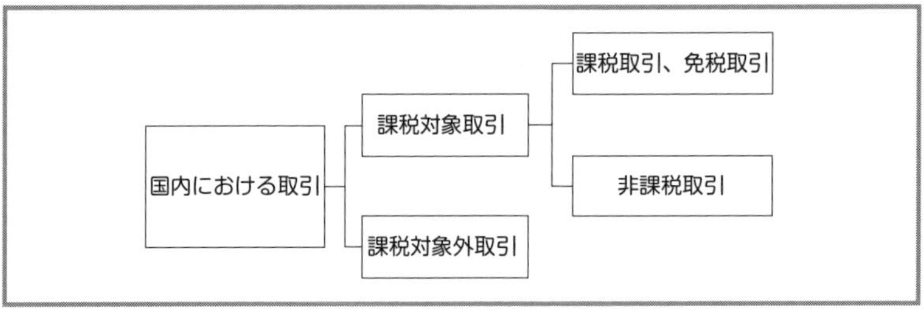

(4) 控除対象仕入税額

課税売上に係る消費税から控除できる控除対象仕入税額は、次の方式で計算します。

控除対象仕入税額のしくみ

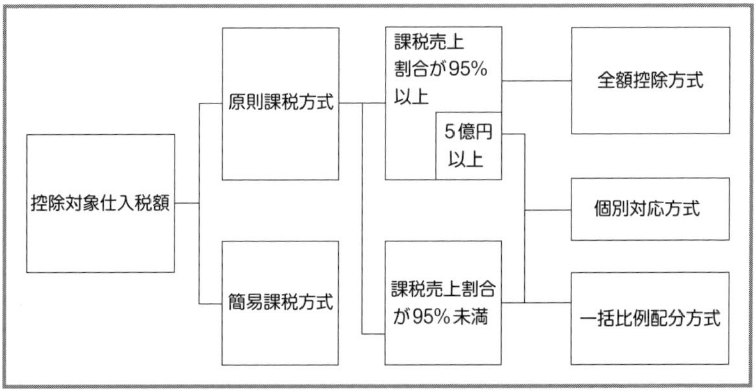

この課税売上割合が95%以上である場合には、仕入に係る消費税も全額控除することができますが、95%未満である場合には、「個別対応方式」か「一括比例配分方式」により計算をします。なお、課税売上高が5億円以上であれば課税売上割合が95%以上であっても「個別対応方式」か「一括比例配分方式」により計算をします。

① 個別対応方式

課税仕入に係る消費税を、「課税売上にのみ対応するもの」、「非課税売上にのみ対応するもの」、「共通して対応するもの」に区分し、課税売上にのみ対応するものと共通して対応するものに、課税売上割合を乗じて計算したものを控除することができる計算方式です。

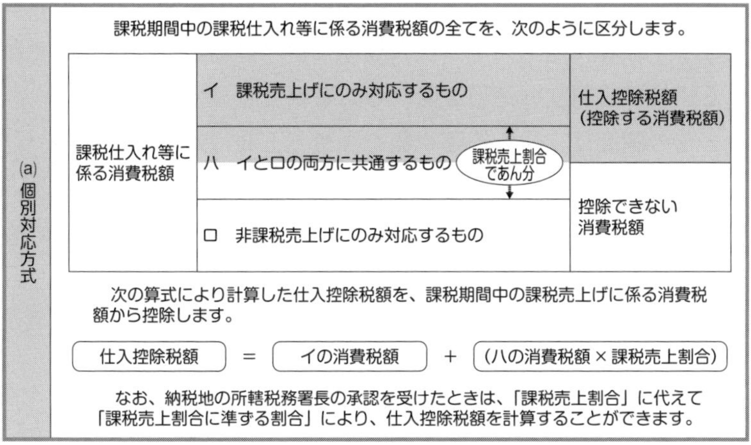

（出典）「消費税のあらまし」国税庁（令和５年６月）

②　一括比例配分方式

課税仕入に係る消費税に、課税売上割合を乗じて計算したものを控除することができる計算方式です。１度選択をしたら２年間は継続適用となります。

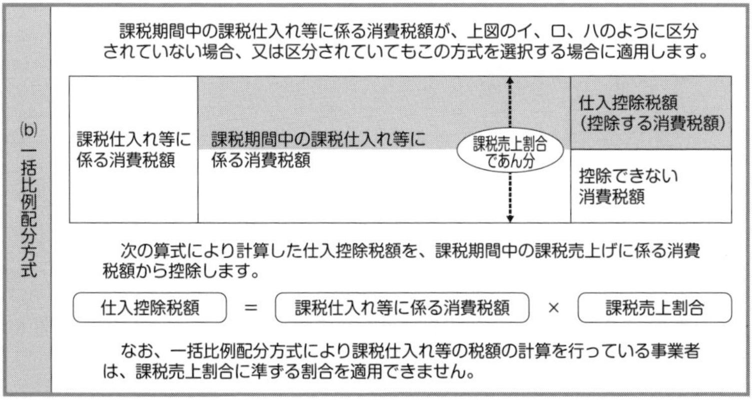

（出典）「消費税のあらまし」国税庁（令和５年６月）

(5) 簡易課税制度

課税期間の前々年または前々事業年度の課税売上高が5,000万円以下で、簡易課税制度の適用を受ける旨の届出書を事前に提出している事業者は、実際の課税仕入等の税額を計算することなく、課税売上高から仕入控除税額の計算を行うことができる簡易課税制度の適用を受けることができます。

この制度は、仕入控除税額を課税売上高に対する税額の一定割合とするというものです。この一定割合をみなし仕入率といい、売上を卸売業、小売業、製造業等、サービス業等、その他の事業および不動産業の6つに区分し、それぞれの区分ごとのみなし仕入率を適用します。

みなし仕入率

第一種事業（卸売業）	90%
第二種事業（小売業）	80%
第三種事業（製造業等）	70%
第四種事業（その他の事業）	60%
第五種事業（サービス業等）	50%
第六種事業（不動産業）	40%

※不動産賃貸業・管理業は第六種事業に該当します。

(6) インボイス制度

令和5年10月1日より複数税率に対応した消費税の仕入税額控除の方式として適格請求書等保存方式（インボイス制度）が導入されました。インボイス制度は、帳簿および適格請求書発行事業者として税務署より付与された登録番号を記載した適格請求書の保存が仕入税額控除の要件となり、この登録番号は消費税の課税事業者でないと発行することができません。

消費税は事業者が預かった消費税等から支払った消費税等を

控除し、残った金額を納税するというしくみになります。インボイス制度に移行すると、消費税の免税事業者が発行した請求書では、課税事業者は仕入税額控除が認められません。つまり、課税事業者は免税事業者からの課税仕入では消費税等を控除できなくなり、免税事業者は消費税等を請求しにくくなるので、この分の益税が縮小することになります。

①　免税事業者等からの課税仕入に係る経過措置

インボイスの導入後は、免税事業者や消費者など、適格請求書発行事業者以外の者から行った課税仕入については、仕入税額控除のために保存が必要な請求書等の交付を受けることができないことから、仕入税額控除を行うことはできません。

ただし、区分記載請求書等と同様の事項が記載された請求書等を保存し、帳簿にこの経過措置の適用を受ける旨が記載されている場合には、次の表のとおり、一定期間は、仕入税額相当額の一定割合を仕入税額として控除できる経過措置が設けられています。

期　間	割　合
令和5年10月1日から 令和8年9月30日	仕入税額相当額の80%
令和8年10月1日から 令和11年9月30日まで	仕入税額相当額の50%

②　2割特例

インボイス制度を機に免税事業者からインボイス発行事業者として課税事業者になった者については、令和5年10月1日から令和8年9月30日までの日の属する課税期間において、仕入税額控除の金額を、特別控除税額（課税標準である金額の合計額に対する消費税額から売上げに係る対価の返還等の金額に係る消費税額の合計額を控除した残額の100分の80に相当する金額）とすることができます。

この特例は「基準期間の課税売上高が1,000万円以下のインボイス発行事業者」が対象です。

よって、消費税課税事業者選択届出書を提出して令和5年9月30日以前から課税事業者となる事業者の令和5年10月1日を含む課税期間は適用できません。一般課税、簡易課税のどちらを選択していても２割特例は適用可能です。適用にあたっては事前の届出は不要であり、申告時に選択することができます。

③　少額取引のインボイス不要

基準期間の課税売上高が１億円以下または特定期間（個人事業者で前年１月から６月までの期間）における課税売上高が5,000万円以下の事業者が、令和5年10月1日から令和11年9月30日までの間に国内において行う課税仕入について、その金額が税込10,000円未満であるものについては、一定の事項を記載した帳簿のみを保存することでインボイスの保存がなくても仕入税額控除が可能です。税込10,000円未満に該当するかどうかは、１回の取引の課税仕入に係る金額（税込）が10,000円未満かどうかで判定しますので、一商品ごとの金額で判定するものではありません。

④　返還インボイスの交付が不要

インボイス発行事業者が国内において行った課税資産の譲渡等につき、返品や値引き、割戻しなどの売上に係る対価の返還等を行った場合には返還インボイスの交付義務がありますが、その金額が税込10,000円未満の場合には、交付義務が免除されます。

⑤　インボイス発行事業者にかかる登録制度の見直し

免税事業者が令和5年10月2日以後に登録を受ける場合、登録申請書に登録希望日（提出日から15日以降の登録を受ける日として事業者が希望する日）を記載することとし、その登録希望日から登録を受けることができます。登録の通知が登録希望日までに届かない場合であっても、登録希望日に遡って登録を受けたものとみなされます。

⑥　翌課税期間の登録または取消

課税期間の初日から登録を受ける場合の申請書の提出期限と翌課税期間の初日から登録を取りやめる場合の取消届出書の提出期限について見直しされました。

翌課税期間初日から登録の場合 ⇒ 翌課税期間の初日から15日前の日まで
翌課税期間初日から取消の場合 ⇒ 翌課税期間の初日から15日前の日まで

3　節税対策

不動産所得がある人の基本的な節税対策としては、次に掲げるとおりです。

(1)　55万円または65万円の青色申告特別控除の適用

青色申告にすることにより青色申告特別控除として10万円、事業的規模の場合には、正規の簿記の原則に従って帳簿を作成し貸借対照表を作成する場合には55万円を控除することができ、さらに電子帳簿保存またはe-Taxによる電子申告の場合には65万円を控除することができます。

よって、不動産所得が事業的規模に該当していない場合には、事業的規模に該当するようにします。そして、帳簿付けについては、現在はパソコン等の機器が充実しているので、特別な知識がなくとも比較的簡単に作成することができます。心配な方は税理士にこの適用を受けるように依頼をするほうがよいでしょう。的確なアドバイスが得られます。もしかしたら最大で55％（所得税等45％と住民税10％）の税率になりますので、手数料を払っても節税になる場合もあります。

(2) 青色事業専従者給与の活用

不動産所得で事業的規模に該当する場合には、専従しているなど一定の条件のもと配偶者や子供等（生計を一にする親族）に対する給与の支払いについて、この給与を経費に計上することができます。

これにより給与所得控除額の適用や、所得の分散による累進税率の緩和といった節税対策とともに、相続税の納税資金の確保にもなります。

この場合、従事内容により支給できる金額は異なりますが、世間一般的に通常支払う金額の範囲内でなければなりません。

(3) 収入の期間対応処理

本来は、契約などによって支払日が定められているものについては、その支払日に収入を計上しますが、不動産貸付けが事業的規模で帳簿書類の継続処理がある場合には、その貸付期間に対応する収益の計上ができます。通常は前家賃が多いので初年度はこの分収入計上が少なくなります。

(4) 1年以内の前払費用

翌年度分をまとめて支払った場合など、支払った日から1年以内の期間分に相当する金額を支払い、支払った金額を継続してその年分の必要経費に算入しているときは、その支払った時の経費とすることができます。

(5) 減価償却の特例

優良賃貸住宅の割増償却など一定の要件に該当する場合に

は、減価償却の特例を適用することができます。通常の減価償却費よりも多い額で費用計上できます。

⑹ 小規模企業共済等掛金控除の適用

小規模企業共済制度は、個人事業を辞めたとき、個人事業の廃業などにより共同経営者を退任したとき、会社等の役員を退職したときなどの生活資金等をあらかじめ積み立てておく制度で、事業的規模の不動産貸付業は常時使用する従業員の数が20人以下など一定の要件に該当する場合に加入できます。この掛金は、支払時全額を所得から控除することができ、もらう場合には、条件により退職所得か一時所得、または、相続による退職金として計算をします。よって、所得が高い人ほど支払う税金は少なくなります。

⑺ 所有不動産の移転

賃貸物件を相続人や不動産管理会社に移転することにより、その物件から生じる賃料による現預金の増加を抑え、相続税対策ができます。ただし、賃貸物件の移転を伴うために十分検討のうえ実施をしてください。

① 移転方法

(イ) 売　却

売却金額の設定に注意が必要です。時価の価額が基本となり、低額の場合には贈与やみなし贈与に該当する場合があります。ですので、不動産鑑定評価など恣意的要素がないようにしたほうがよいでしょう。

(ロ) 贈　与

相続税評価額での贈与税の課税となるために、価額は確定していますが、贈与税の税率は比較的高額になりがちです。なお、贈与の場合には、借入金などの負債を負担するなど負担付贈与に該当する場合には、譲渡になりますので注意が必要です。

底地の評価は賃借人に変更がない場合には、移転時のままの権利割合を控除することができますので、不動産管理会社に一括で賃貸をしておくほうが相続時の評価では貸家建付地の評価となるため有利になります。

(8) 不動産管理会社の活用

不動産管理会社に物件の管理による管理料の支払いや不動産の一括賃貸をすることにより所得を減額することができます。

不動産管理会社については、その管理料収入や一括賃貸による収入差額による収入で役員報酬や給与の支払いをすることができるので、相続人などに対する所得の移転をすることができます。

不動産管理会社を設立する目安として、家族構成や賃貸状況などによりますが、最低収入金額が1,000万円以上であれば一度検討をするほうがよいでしょう。

(9) 消費税等の還付

消費税等については、売上に係る消費税等から仕入に係る消費税を控除して計算をします。よって、仕入に係る消費税等が多い場合には消費税等の還付を受けることができます。しかし、仕入に係る消費税等は、全額が控除できるわけではありません。課税売上に対応する課税仕入は控除することができますが、非課税売上に対応する課税仕入は控除できません。共通して対応するものについては課税売上割合に相当する部分を控除することができます。ですので、店舗を建築する場合など多額に課税売上に対応する課税仕入がある場合には消費税等の還付を受けることができます。この場合、免税事業者が自分で消費税等の納付を選択する課税事業者選択届出書を提出する場合などには、３年間は簡易課税制度が選択できないなどの制限があります。一時的に還付をされてもその後で多く納付することにもなりますので、必ず税理士に相談をしてください。

4 具体的対策例

(1) 所得税

家族構成

本人：不動産賃貸、社会保険料 62万円

資産状況		店　舗	アパート	駐車場	貸し地
家賃収入		1,056万円 税抜960万円	1,800万円	110万円 税抜100万円	100万円
取得価額		8,000万円	1億5,000万円	—	—
固定資産税評価額		3,500万円	6,800万円	—	—
敷地地積		750m^2	1,200m^2	400m^2	300m^2
転貸割合		10%	15%	15%	10%
固定資産税	土地	127万円	34万円	68万円	51万円
	建物	60万円	116万円	—	—

配偶者：無収入

長男：会社勤務　年収500万円、社会保険料 70万円

長男の嫁：無収入

現状での税額

	所得税	本　人	配偶者	長　男	長男嫁	合　計
個人	不動産所得					
	収入金額	3,066万円	—	—	—	—
	租税公課	576万円	—	—	—	—
	減価償却費	874万円	—	—	—	—
	その他経費	206万円	—	—	—	—
	差　引	1,410万円	—	—	—	—
	給与所得					
	収入金額	0円	0円	500万円	0円	—
	給与所得控除額	0円	0円	144万円	0円	—
	差　引	0円	0円	356万円	0円	—
	所得控除	110万円	48万円	156万円	48万円	—
	差　引	1,300万円	0円	200万円	0円	—
	税　額	275万円	0円	10万円	0円	285万円
	住民税	本　人	配偶者	長　男	長男嫁	合　計
	所　得	1,410万円	0円	356万円	0円	—
	所得控除	105万円	43万円	146万円	43万円	—
	差　引	1,305万円	0円	210万円	0円	—
	税　額	130万円	0円	21万円	0円	151万円
	事業税	56万円	—	—	—	56万円
	消費税等(簡易課税)	64万円	—	—	—	64万円
	税額の合計	525万円	0円	31万円	0円	556万円
	キャッシュフロー	1,817万円	0円	399万円	0円	2,216万円

所得控除

本人：社会保険料控除 62万円、基礎控除 48万円

長男：社会保険料控除 70万円、配偶者控除 38万円、基礎控除 48万円

青色申告特別控除65万円適用後

	所得税	本　人	配偶者	長　男	長男嫁	合　計
	不動産所得					
	収入金額	3,066万円	—	—	—	—
	租税公課	576万円	—	—	—	—
	減価償却費	874万円	—	—	—	—
	その他経費	206万円	—	—	—	—
	青色申告特別控除	65万円	—	—	—	—
	差　引	1,345万円	—	—	—	—
	給与所得					
	収入金額	0円	0円	500万円	0円	—
	給与所得控除額	0円	0円	144万円	0円	—
個人	差　引	0円	0円	356万円	0円	—
	所得控除	110万円	48万円	156万円	48万円	—
	差　引	1,235万円	0円	200万円	0円	—
	税　額	254万円	0円	10万円	0円	264万円
	住民税	本　人	配偶者	長　男	長男嫁	合　計
	所　得	1,345万円	0円	356万円	0円	—
	所得控除	105万円	43万円	146万円	43万円	—
	差　引	1,240万円	0円	210万円	0円	—
	税　額	124万円	0円	21万円	0円	145万円
	事業税	56万円	—	—	—	56万円
	消費税等（簡易課税）	64万円	—	—	—	64万円
	税額の合計	498万円	0円	31万円	0円	529万円
	キャッシュフロー	1,844万円	0円	399万円	0円	2,243万円

所得控除

本人：社会保険料控除 62万円、基礎控除 48万円

長男：社会保険料控除 70万円、配偶者控除 38万円、基礎控除 48万円

青色事業専従者給与適用後

	所得税	本人	配偶者	長男	長男嫁	合計
個人	不動産所得					
	収入金額	3,066万円	—	—	—	—
	租税公課	569万円	—	—	—	—
	減価償却費	874万円	—	—	—	—
	その他経費	206万円	—	—	—	—
	専従者給与	150万円	—	—	—	—
	青色申告特別控除	65万円	—	—	—	—
	差引	1,202万円	—	—	—	—
	給与所得					
	収入金額	0円	150万円	500万円	0円	—
	給与所得控除額	0円	55万円	144万円	0円	—
	差引	0円	95万円	356万円	0円	—
	所得控除	110万円	48万円	156万円	48万円	—
	差引	1,092万円	47万円	200万円	0円	—
	税額	207万円	2万円	10万円	0円	219万円
	住民税	本人	配偶者	長男	長男嫁	合計
	所得	1,202万円	95万円	356万円	0円	—
	所得控除	105万円	43万円	146万円	43万円	—
	差引	1,097万円	52万円	210万円	0円	—
	税額	110万円	5万円	21万円	0円	136万円
	事業税	49万円	—	—	—	49万円
	消費税等（簡易課税）	64万円	—	—	—	64万円
	税額の合計	430万円	7万円	31万円	0円	468万円
	キャッシュフロー	1,762万円	143万円	399万円	0円	2,304万円

所得控除

本人：社会保険料控除 62万円、基礎控除 48万円

長男：社会保険料控除 70万円、配偶者控除 38万円、基礎控除 48万円

会社設立後（一括賃貸方式）

	所得税	本　人	配偶者	長　男	長男嫁	合　計
個人	不動産所得					
	収入金額	2,664万円	—	—	—	—
	租税公課	496万円	—	—	—	—
	減価償却費	874万円	—	—	—	—
	その他経費	206万円	—	—	—	—
	青色申告特別控除	65万円	—	—	—	—
	差　引	1,023万円	—	—	—	—
	給与所得					
	収入金額	60万円	102万円	587万円	102万円	—
	給与所得控除額	55万円	55万円	161万円	55万円	—
	差　引	5万円	47万円	426万円	47万円	—
	所得控除	110万円	48万円	156万円	64万円	—
	差　引	918万円	0円	270万円	0円	—
	税　額	149万円	0円	17万円	0円	166万円
	住民税	本　人	配偶者	長　男	長男嫁	合　計
	所　得	1,023万円	47万円	426万円	47万円	—
	所得控除	105万円	43万円	146万円	59万円	—
	差　引	918万円	4万円	280万円	0万円	—
	税　額	92万円	0円	28万円	0円	120万円
	事業税	40万円	—	—	—	40万円
	消費税等（簡易課税）	0円	課税売上高が1,000万円以下のため免税			
	税額の合計	281万円	0円	45万円	0円	326万円
	キャッシュフロー	1,719万円	102万円	472万円	86万円	2,379万円

（次頁に続く）

	法人税	本　人	配偶者	長　男	長男嫁	合　計
会社	収　入	—	—	—	—	3,066万円
	役員報酬	60万円	102万円	87万円	102万円	351万円
	賃借料	—	—	—	—	2,664万円
	減価償却費	—	—	—	—	—
	法定福利費	—	—	—	—	16万円
	租税公課	—	—	—	—	5万円
	消費税等	課税売上割合35%、個別対応方式で計算				18万円
	その他経費	—	—	—	—	50万円
	差　引	—	—	—	—	0円
	税　額	—	—	—	—	7万円
	税額の合計	—	—	—	—	25万円
個人および会社の税額合計						351万円

所得控除

本人：社会保険料控除 62万円、基礎控除 48万円

長男：社会保険料控除 70万円、配偶者控除 38万円、基礎控除 48万円

長男嫁：社会保険料控除 16万円、基礎控除 48万円

会社設立後（不動産保有方式）

	所得税	本　人	配偶者	長　男	長男嫁	合　計
個人	不動産所得					
	収入金額	2,264万円	—	—	—	—
	租税公課	424万円	—	—	—	—
	減価償却費	570万円	—	—	—	—
	管理料	201万円	—			
	その他経費	206万円	—	—	—	—
	青色申告特別控除	65万円	—	—	—	—
	差　引	798万円	—	—	—	—
	給与所得					
	収入金額	60万円	102万円	587万円	273万円	—
	給与所得控除額	55万円	55万円	161万円	90万円	—
	差　引	5万円	47万円	426万円	183万円	—
	所得控除	148万円	48万円	156万円	88万円	—
	差　引	655万円	0円	270万円	95万円	—
	税　額	88万円	0円	17万円	5万円	110万円
	住民税	本　人	配偶者	長　男	長男嫁	合　計
	所　得	798万円	47万円	426万円	183万円	—
	所得控除	138万円	43万円	146万円	83万円	—
	差　引	660万円	4万円	280万円	100万円	—
	税　額	66万円	0円	28万円	10万円	104万円
	事業税	28万円	—	—	—	28万円
	消費税等（簡易課税）	0円	課税売上高が1,000万円以下のため免税			
	税額の合計	182万円	0円	45万円	15万円	242万円
	キャッシュフロー	1,277万円	102万円	472万円	218万円	2,069万円

（次頁に続く）

	法人税	本　人	配偶者	長　男	長男嫁	合　計
会社	収　入	—	—	—	—	1,257万円
	役員報酬	60万円	102万円	87万円	273万円	522万円
	賃借料	—	—	—	—	254万円
	法定福利費	—	—	—	—	40万円
	減価償却費	—	—	—	—	304万円
	租税公課	—	—	—	—	5万円
	消費税等（簡易課税）	—	—	—	—	68万円
	その他経費	—	—	—	—	50万円
	差　引	—	—	—	—	14万円
	税　額	—	—	—	—	10万円
	税額の合計					78万円
個人および会社の税額合計						320万円

所得控除

本人：社会保険料控除 62万円、配偶者控除 38万円、基礎控除 48万円

長男：社会保険料控除 70万円、配偶者控除 38万円、基礎控除 48万円

長男嫁：社会保険料控除 40万円、基礎控除 48万円

※　キャッシュフローは、毎年の計算のため資産売却による収入を考慮していません。

１つの例になりますが、各節税対策をすることにより税額で毎年27万円から236万円の節税になります。

キャッシュフローにおいても節税分は現預金としても残りますし、会社を設立して運営上の経費がかかったとしても現預金は残ります。

また、給与を支払うことによる現預金の移転ができ、相続税の節税対策や納税資金の確保にもなります。

	税額の合計	現状との節税額	キャッシュフロー	余剰資金
現状での税額	556万円	—	2,216万円	—
青色申告特別控除65万円適用後	529万円	27万円	2,243万円	27万円
青色事業専従者給与適用後	468万円	88万円	2,304万円	88万円
会社設立後（一括賃貸方式）	351万円	205万円	2,379万円	163万円
会社設立後（不動産保有方式）	320万円	236万円	2,069万円	△147万円
			※　毎年のキャッシュフローになりますので、資産の売却による一時的な入金については、考慮していません。	

(2) 消費税

① 課税概要

	現状	一括賃貸方式	不動産保有方式
店舗	1,056万円 (税抜960万円)	950万円 (税抜864万円)	254万円
アパート	1,800万円	1,530万円	1,800万円
駐車場	110万円 (税抜100万円)	94万円 (税抜85万円)	110万円 (税抜100万円)
貸し地	100万円	90万円	100万円
消費税等の課税判定	1,000万円超 のため課税	1,000万円以下 のため免税 ※税込になると 1,000万円超に なるため、隔年 で課税となる	1,000万円以下 のため免税

② 簡易課税制度選択による節税額

不動産所得がある個人については、店舗の貸付など課税売上があり消費税等の納税義務者になる場合には、支払う消費税等が少ないために簡易課税制度を選択するほうが有利になります。

	原則課税方式	簡易課税方式	節税額
課税売上の消費税等	106万円	106万円	—
課税仕入の消費税等	18万円	42.4万円	—
納付税額	88万円	63.6万円	24.4万円

③　店舗建築による消費税等還付の具体例

店舗建築費用　4,950万円（税抜　4,500万円）

家賃　月77万円（税抜　70万円）

① R5. 12月に管理会社設立
② R6. 12月末までに簡易課税制度選択不適用届出書を提出
③ R7. 12月に新店舗を建築
④ R9. 12月末までに簡易課税制度選択届出書を提出

	令和５年	令和６年	令和７年	令和８年	令和９年
課税売上高の明細（税抜）					
既存店舗	960万円	864万円	864万円	864万円	864万円
駐車場	100万円	85万円	85万円	85万円	85万円
新店舗	—	—	70万円	840万円	840万円
消費税等の額					
課税売上の消費税等	106万円	94.9万円	101.9万円	178.9万円	178.9万円
課税仕入の消費税等	42.4万円	37.9万円	450万円	0万円	0万円
納付（還付）税額	63.6万円	57万円	△348.1万円	178.9万円	178.9万円
還付を受けないで簡易課税選択	63.6万円	57万円	61万円	免税	107.3万円

※　条件があえば上記のように348.1万円の多額の消費税等の還付を受けることができます。しかし、翌年と翌々年に178.9万円を支払うことになります。

令和４年から令和６年の消費税等の納付額は、還付を受けないで簡易課税を選択した場合と、158.6万円還付を受けたほうが有利になります。

第７章

相続税・固定資産税の取扱いと節税効果

第7章 ここがポイント

✔ 相続税がかからないから、相続対策はいらない？

仮に相続財産額が少なく、納税がない場合でも、遺産分割のトラブルは起こり得るので、相続対策は必要。

✔ 相続対策は3つのコンセプトを踏まえた対策を考える

①「円満な遺産分割」②「納税資産の確保」③「上手な節税」を念頭に入れて、「どんな財産がどれくらいの価値があるか」を評価することが対策の第1歩。

✔ 相続・贈与時に大事となる路線価評価方式

土地の価格は一物四価といわれるが、特に相続税・贈与税では路線価を適用した評価方式が重要。

✔ 不動産を利用する相続対策

遊んでいる土地を活用してその土地にアパートを建てて賃貸すれば、賃貸収入が入り、さらに相続税の節税になる。

✔ 借入金と不動産有効活用の効果

アパートを建てる資金を借入金で賄えば、相続税の節税効果は土地評価の減少と借入金による負債効果のダブル効果が発揮できる。

☑ 不動産管理会社の活用

オーナーが保有する高収益物件を子供等に生前移転して、それを管理する会社を創り、その役員と株主は子供等に限定することがポイント。

☑ 非上場株式の原則的評価は会社の規模で決まる

大会社（類似業種比準方式）、中会社（併用方式）、小会社（純資産価額方式）はそれぞれに応じた判定方式により株価を評価する。

☑ 後継者への自社株移転のスムーズな引き継ぎ

会社の支配権争いによるトラブルや納税など、優良会社ほど様々な問題が生じる。よって、早めの事前対策が不可欠。

☑ 自社株評価を下げる対策は万全？

株価引下げ「９つのポイント」を理解して、「できること」と「できないこと」を吟味しながら、早目の対策を心掛ける。

☑ 固定資産税も節税できる！

土地・家屋などの不動産を所有しているだけでかかる固定資産税も、工夫次第で節税が可能。

第7章
相続税・固定資産税の取扱いと節税効果

1 相続税の申告方法

相続税とは、亡くなった方の財産を承継して引き継ぐときや、遺言によって財産を取得したときに生じる税金です。亡くなった方を「被相続人」と呼び、相続によって財産を取得した人を「相続人」と呼びます。取得した財産が一定額以下であれば、相続税はかからず、申告の必要はありません※。

また、相続税の申告と納税は、相続の開始があったことを知った日（通常は、亡くなった日）の翌日から10カ月以内に、被相続人の亡くなった当時の住所地の税務署に対して行わなければなりません。

申告の期限までに申告しなかった場合には、本来の税金以外に「加算税」がかかりますし、期限までに納めなかった場合には、利息にあたる「延滞税」がかかりますので注意が必要です。

相続の際大切な点は、「円満な遺産分割」、「納税資金の確保」、「上手な節税」といえます。まず相続対策の第一歩としてはどのような財産であって、どのくらいの価値があるのかを評価することです。特に不動産の場合は、その評価方法が複雑なだけでなく、現金と違い、直接の納税資金とはならないため、早めに内容を把握しておく必要があります。そこで土地と建物についての評価方法について解説します。

※相続税の支払いがないからといって、相続対策もいらないというわけではありません。納税がなくても、遺産の分配のトラブルは起こり得ますので、その防止策として事前対策は必要となるわけです。

2 土地建物の評価の仕方

更地の土地や空き家の家屋がある場合は、他人に賃借することを考えてみたいと思います。

(1) 家屋・建物

家屋の場合は、固定資産税の評価額をもとに計算されます。固定資産を持っていると毎年４月頃に固定資産税の納税通知書が送られてきますが、その評価額を目安とすればよいでしょう。

新築の場合、標準的な建築費用の70%（木造は60%）が評価額となります。家屋の場合は年数とともに老朽化していきますから、年数を重ねるごとに評価額は少なくなっていきます。

(2) 土　地

土地の場合は、一般的には「路線価」で評価します。路線価とは、その土地が面している道路の標準価格を基準に評価する方法です。特別な場所でない限り、時価の80%程度で評価されます。

(3) 他人に貸している土地

他人に貸している土地、いわゆる「貸宅地」は、自分の土地であっても自由に使うことができません。そのような土地は税法上の評価もかなり低くなります。借地権を設定している場合は、その土地の通常の評価に借地権割合を乗じて、その残りが評価額となります。

(4) 貸家・アパートの場合

自分の土地に自分所有のアパートを建てて人に貸している場合は「貸家建付地」の評価をします。もともと自分の土地に自分で建てたアパートですが、借家人にも住む権利があるため、地主には多少の制限があるのです。その部分を評価額から差し引く必要があります。

借家人が持っているのは借家権割合（30％くらい）ですが、これに貸地としての評価割合「借地権割合」（60％くらい）を乗じて、約18％減額されることになります。

3 土地の上に存する権利の評価

(1) 借地権

（原則）自用地としての価額×借地権割合

(2) 貸家建付地

貸家建付地の価額 ＝ 自用地とした場合の価額 － 自用地とした場合の価額 × 借地権割合 × 借家権割合 × 賃貸割合

(3) 家　屋

家　屋　：　固定資産税評価額
貸　家　：　固定資産税評価額×（1 －借家権割合）
借家権　：　固定資産税評価額×借家権割合（概ね30％）

構築物　：　門・塀等　（再建築価額－経過年数に応じた減価の額）の70％相当額

庭木・庭石・池等　調達価額の70％相当額

4 ｜相続税・贈与税における土地の値段

相続・贈与時で大事なのは「路線価」です。

同じ土地でも価格はその目的によって何種類もあります。その違いを確認してみたいと思います。

土地の値段といっても実際には、売買取引時価（実勢価格）や公示価格、路線価、固定資産税評価額などといったいくつもの価格があります。そのため、土地は一物四価の商品といわれています。

ただし、相続税・贈与税では土地の値段（相続税評価額）は路線価（だいたい実勢価格の70％～80％）で評価することになっています。

(1)　公示価格

公示価格とは国土交通省が示す土地（地価公示標準地）の値段となります。不動産鑑定士の評価を参考にし、国土交通省の土地鑑定委員会が公示価格を決定しています。

毎年１月１日が評価時点となり、３月下旬頃に公表されます。公示価格は、もともと公共事業用地の取得価格算定の規準となるものですが、それが転じて一般の土地の取引価格に対して指標を与えるものとなっています。そのため、土地の適正な価格を判断する客観的な目安として活用されています。

なお、公示価格と異なり、基準地価というものがあります。これは都道府県が示す土地（地価調査基準地）の値段となります。毎年７月１日が都道府県基準地価評価時点となり、９月下旬頃に公表されます。これも公示価格と同じような水準の評価となっています。

公示価格や都道府県基準地価評価を閲覧したいときは、国土交通省が運営している土地総合情報ライブラリーを利用する方法があります。

(2) 固定資産税評価額

固定資産税評価額とは市町村（東京都23区内の場合は都税事務所）が示す土地の値段となります。固定資産の評価は、総務大臣が定めた固定資産評価基準に基づいて行われ、市町村長（東京都23区内の場合は都知事）がその価格等を決定します。

固定資産税評価額とは、固定資産税、不動産取得税、登録免許税など土地と家屋にかかる税金の基準となるものです。固定資産税評価額は、３年ごとに評価額が見直されます。

(3) 路線価

路線価とは国税庁が示す土地（全国の主要な市街地の道路）の価額となります。相続税や贈与税では、土地は路線価方式（または倍率方式）という評価方法で評価します。よって、相続税や贈与税においては、最も重要な土地の価額となっています。毎年１月１日が評価時点となり、７月上旬ごろに公表されます。路線価を閲覧したいときは、国税庁のホームページを利用するとよいでしょう。

※https://www.rosenka.nta.go.jp/

(4) 倍率方式

相続税や贈与税では、土地は路線価方式という評価方法で評価しますが、路線価は全国の主要な市街地の道路にしか設定されていません。全国のすべての道路に値段をつけることは現実的には困難です。そのため、路線価のない土地を評価するときは、代替として固定資産税評価額を使います。

ただし、この固定資産税評価額は路線価より低い水準となっており、そのまま相続税・贈与税の評価額として使用することは適切ではありません。そのため、相続税・贈与税の評価の際には、倍率をかけて算出します。このことから、この評価方法を倍率方式というのです。倍率を閲覧したいときは、国税庁が運営している路線価図等閲覧コーナーを利用できます。

5 不動産を利用する相続対策

土地を所有しているが、空き地のままの状態であるというような場合には土地を賃貸する、あるいはアパートやマンションなどを建てて賃貸した場合には、前者は貸宅地として、後者は貸家建付地として土地の評価を減少させることができ、節税対策になります。

また、賃貸料も入ってきますので、納税資金の対策としても有効な方法です。

それぞれのメリットとデメリットについて解説します。

(1) 土地を他人に賃貸する場合（貸宅地）

メリット

● 更地価格の60～70％くらいが借地権の評価割合になりますので、残りの30～40％くらいが土地の評価額ということになります。

● 貸家建付地と異なり、維持費や建築費などがかかりません。

デメリット

● 借主が借地権を持つことになります。借地権はその権利が保護されていますので、土地の売却や賃貸契約などの際には問題になるケースがあります。

(2) 土地の上にアパートやマンションを建てる場合（貸家建付地）

メリット

- 貸家建付地の価額は、その自用地価額に借地権評価割合と借家権割合を乗じて算出された額をその自用地価額から控除して求めます。また、建築した建物の価格も評価額の70%程度になります。
- 借主に借地権が発生しませんので貸宅地に比べると、土地の処分に手間がかかりません。
- 建築した建物の一室を居住用にすれば小規模宅地としてさらに評価額を減じることができますので、二重の節税対策になります。

  例えば自宅兼賃貸アパートを建築した場合で、居住用部分と賃貸部分と空室部分がある場合の評価については、

  ・各用途で適用要件の判定を行い、敷地面積を建物の床面積割合で按分計算を行います。

  ・居住用は80%、賃貸部分は50%、空室部分は０%の減額割合を適用します。
- 建築のための資金として借入れをした場合、債務として相続財産から差し引くことができます。

デメリット

- 立地条件等によっては入居者が集まらず、空室になってしまう場合がある。
- 借入金やその利子の返済など資金計画を十分に検討しておかないと、不動産事業そのものが成り立たなくなってしまう。

6 借入金による建物建築と相続税対策

一般的に相続税対策として、「現金として持っているより、不動産として持っているほうが相続税は安くなる」といわれる場合があります。事例で確認してみたいと思います。

例 不動産の有効活用による相続税の節税効果

Ａさんは現在、更地の土地を所有しています。相続評価額は2.5億円。この土地にアパートを（１億円全額ローンで）建築した場合、相続税の節税効果はどれぐらいになりますか。Ａさんは妻と２人の子供がいます。建物の固定資産評価額は7,000万円。

● **現在の相続税額**　＊税額控除等は加味しません

［相続税の計算］

妻（2.5億円－4,800万円）×1/2＝1億100万円　税額　2,340万円

子（2.5億円－4,800万円）×1/4＝　5,050万円　税額　815万円

子（2.5億円－4,800万円）×1/4＝　5,050万円　税額　815万円

合計税額　3,970万円

● **アパート建築後**

① **土地の評価**

貸家建付地の評価となるので、

土地評価額－土地評価額×借地権割合×借家権割合

2.5億円　－　2.5億円　×　70％　×　30％　＝1億9,750万円

② **建物の評価**

貸家の評価となるので、

固定資産税評価額　－　固定資産評価額　×　借家権割合

7,000万円　－　7,000万円　×　30％　＝　4,900万円

③ ローンの債務控除後の相続財産

土地の評価額 ＋ 建物の評価額 － 債務控除
1億9,750万円 ＋ 4,900万円 － 1億円 ＝ 1億4,650万円

［相続税の計算］

妻（1.465億円－4,800万円）×1/2＝ 4,925万円 税額 785万円
子（1.465億円－4,800万円）×1/4＝2,462.5万円 税額 319.37万円
子（1.465億円－4,800万円）×1/4＝2,462.5万円 税額 319.37万円
合計税額 1,423.74万円

有効活用することによって、相続税額が3,970万円から1,423.74万円へと、2,546.26万円節税になります。

④ 小規模宅地等の特例

相続財産の中に、被相続人や被相続人と同一生計の親族等が、貸付事業または自宅に使っていた宅地等がある場合には、その宅地のうち200平方メートルまたは330平方メートルまでの部分については、一定の要件のもとで通常の評価額の50％または80％を減額して評価することができます。

また、特定同族会社事業用宅地等（※）に該当する宅地等については、400平方メートルまでの部分について80％を減額して評価することができます。

※特定同族会社事業用宅地等とは

相続開始の直前から相続税の申告期限まで特定の同族会社の事業（不動産貸付業、駐車場業などを除く。以下同）の用に供されていた宅地等で、下記の要件すべてに該当する被相続人の親族が相続または遺贈により取得したものをいいます（特定の同族会社の事業の用に供されている部分で、下記に掲げる要件のすべてに該当する被相続人の親族が相続または遺贈により取得した持分の割合に応ずる部分に限られる）。

なお、特定の同族会社とは、相続開始の直前において被相続人お

よび被相続人の親族等がその法人の発行済株式の総数または出資の総額の50％超を有している法人（相続税の申告期限において清算中の法人を除く）をいいます。

・法人役員要件：相続税の申告期限においてその法人の役員（法人税法上の役員であり、清算人を除く）であること。

・保有継続要件：相続税の申告期限までその宅地等を有していること。

この場合に該当する宅地が複数あるときは、納税者の選択によってどの宅地を選ぶかは自由になっていますが、評価減が最も大きくなるような選択をすることが有利になります。

7 不動産管理会社の活用

不動産を持っているオーナーが保有する高収益物件を、将来相続されるであろう妻や子供に生前に移転しておくことは相続対策としては有効な方法です。なぜなら、被相続人が、当該物件を保有し続ければ当該物件から入ってくる賃料等の利益が新たに相続財産となり相続税が課されるからです。他方、高収益物件の節税対策として、不動産管理会社を設立する場合があります。

これは、その物件から稼ぎ出した利益を役員報酬として子供等に分配することで、不動産の収益を相続財産から除き、相続税が課される対象から除くことを目的としています。ここで、上記の両者を組み合わせることも考えられます。つまり不動産管理会社を設立し、子供等を役員にさせ、なおかつ当該会社の株主は、子供等にするということです。

つまり、株主には、不動産オーナーを入れないということです。なぜなら、不動産オーナーを株主にすることで当該会社の株式が相続財産となるからです。ただし、子供等が当該物件を買い取るだけの資金を出資できず、不動産オーナーが株主となった場合でも、当該会社の役員には、子供等を入れ、当該会社の株式を徐々に、子供等に贈与していくことで、相続税の節税になります。

不動産オーナーの不動産収入から不動産の管理料として資金が不動産管理会社に支払われる場合、その分、不動産オーナーである個人の相続財産が減少します。また、不動産管理会社がその管理料の中から妻や子供に役員報酬として支給すれば、相続税の節税になると共に納税資金の準備にもなります。

不動産オーナーの相続が発生する前に不動産管理会社に資金が貯まれば、相続時に相続財産を不動産管理会社が買い受けることができ、納税資金の手当ができますし、手離したくない相続財産の場合、第三者への相続財産の売却を回避することができます。また、その場合、相続財産の取得費加算の特例（相続税の一部を経費にできる）が適用され、売却時の税の軽減がはかれます。

相続対策的には、不動産管理会社の出資者を誰にするのかを検討する必要があります。不動産オーナーである個人が出資すると、相続の際、自社株が相続財産になります。

また、子供にも責任を持たせることによって、親子が共同で相続対策を考えるきっかけをつくることができます。財産について冷静に話し合うというのはなかなか難しいものですが、会社を通すことによってスムーズに事業や資産の承継ができるのも、大きなメリットといえるでしょう。

そこで管理会社を作った場合、不動産オーナーが出資した自社株を次の世代へ相続することになりますので、その自社株がどのように評価されるのかを解説していきます。

8 自社株の評価の仕方

自社株の評価額をご存じでしょうか？

非上場株式の評価は、「株主の地位」と「会社の規模」で判定方法が異なります。

株主が社長やその親族の場合には会社に対する支配権も大きくなるので、その他の株主と比べて株価は高くなります。この場合の判定方法を、「原則的評価方式」といいます。その他の株主は支配権がなく、配当金を受け取ることが大きな目的であるので、評価は低くなり、この場合には「配当還元方式」で判定することになります。ここでは「原則的評価方式」で判定する場合を考えてみましょう。

自社が評価上の規模区分（大会社・中会社・小会社）のいずれに該当するかを確認してみましょう。

① **大会社の株式の原則的評価方法**

上場企業の規模に近い会社は、「類似業種比準方式」によって行います。

② **中会社の株式の原則的評価方法**

上場企業と小規模事業の中間にある会社は、「類似業種比準方式」と「純資産価額方式」（相続税評価額によって計算した金額）との併用によって評価します。

③ **小会社の株式の原則的評価方法**

小規模事業に近い会社は「純資産価額方式」によって評価します。

実際の株価計算はかなり複雑になりますから、正しく評価したい場合は専門家に依頼することをお勧めします。

規模＼業種			卸売業	小売・サービス業	卸売業、小売・サービス業以外
大会社 ※従業員が35人超で、右の条件。 ※従業員が70人以上の会社。		総資産価額	20億円以上	15億円以上	15億円以上
		取引金額	30億円以上	20億円以上	15億円以上
中会社 ※従業員が70人未満、5人超で、右の条件。 総資産価額、取引金額によって、3つに分類される。	中会社〈大〉 ※従業員 35人超	総資産価額	4億円以上	5億円以上	5億円以上
		取引金額	7億円以上	5億円以上	4億円以上
	中会社〈中〉 ※従業員 20人超 35人以下	総資産価額	2億円以上	2.5億円以上	2.5億円以上
		取引金額	3.5億円以上	2.5億円以上	2億円以上
	中会社〈小〉 ※従業員 5人超 20人以下	総資産価額	7,000万円以上	4,000万円以上	5,000万円以上
		取引金額	2億円以上	6,000万円以上	8,000万円以上
小会社 ※従業員が5人以下。		総資産価額	7,000万円未満	4,000万円未満	5,000万円未満
		取引金額	2億円未満	6,000万円未満	8,000万円未満

9 後継者への自社株移転

(1) 自社株対策の必要性

自社株対策の必要性について考えてみたいと思います。

不動産オーナーは払込資本金の大部分を所有しているケースがほとんどですから、会社の株価が高額になっている優良会社の場合は、次のように様々な問題が生じることになるのです。

- 不動産オーナーの所有する自社株評価額が多額になっている場合、莫大な相続税が課せられることになり、後継者に納税問題が発生します。また、後継者が相続する財産が自社株のみとなってしまうと個人保証の信用力も大きく低下してしまいます。
- 相続財産の中に占める自社株評価額が大きい場合、複数の相続人間による遺産分配の問題が起こります。最悪の場合、遺産争いになってしまいます。
- 生前に株式の承継を行うとすると、相続税よりも高額な贈与税負担が受贈者に生じます。

自社株の評価額が低くなっているか、持ち株数が少なくなっていれば、このような問題を軽減または回避できます。

(2) 生前にしておくべき自社株対策

① **株価引下対策**：従業員持ち株会等の活用

② **後継者への移動（分散）**：贈与、譲渡等（評価額の低い時期に行ったほうが効果的）

③ **事業用資産の適正配分と納税資金対策**

(3) 自社株対策の具体的方法

不動産オーナーの相続税対策、特に自社株対策は、計画的かつ長期的に行うべきであること、かつ、普段の節税対策が自社株対策にも有効であるといえます。

(4) 取引相場のない株式（未公開会社株式）の株価計算

① 取得した株主が同族株主の場合

会社の業績や資産の内容を株価に反映させる原則的評価方法を適用

・類似業種比準価額方式

・純資産価額方式

・併用方式

② 取得した株主が同族株主以外の少数株主の場合

配当金額によって株価を計算する特例的評価方法を適用

・配当還元価額

通常、特例的評価方法である配当還元価額のほうが大幅に株価は低くなります。

土地や株式が資産の大半を占める会社は評価方法が異なります。

類似業種比準価額方式、純資産価額方式、併用方式のどれを用いるかは会社規模により定まります。そもそも、会社規模は業種ごとに総資産価額と従業員数、取引金額のいずれか上位の区分により定まります。

類似業種比準価額は、国税庁通達に定めた上場会社の平均株価を基準とし、配当、利益、純資産の比較で算出する方法です。

純資産価額は、相続税評価額に引き直した純資産額から、清算に係る法人税等を控除した金額となります。

これらの株価計算のしくみに基づき、株価の引下げは次の順番で取り組みます。

1　高株価の原因分析

2　評価方式の変更

非上場会社の株式の時価は、上場会社のように取引時価というものがありませんので、一般的には、財産評価基本通達の定めるところにより評価することとなります。土地などの資産の含み益や内部留保が多い会社の場合には、株価は額面の数十倍になることもめずらしくありません。

しかしながら、非上場会社の株式は、換金性が低く、不動産オーナーに相続が起こると納税資金に困り、株式を手放さなければならない場合があります。

とはいうものの、非上場会社の場合は一般的には同族会社である場合が多く、株式の買い手を見つけるのは非常に困難です。このような会社は、不動産オーナー１人の信用力で成り立っている場合が多いので、よほど後継者教育がきちんとできていないと対外的な信用不安を招き、また、社内的な求心力も落ち、会社がうまく立ち行かなくなる場合もでてきます。

そのようなことから、事業承継を上手に行うには、経営面はいうに及ばず、税金面、財産の分割、納税面など総合的に考慮して進めなければなりません。

これらのポイントをまとめると、次のようになります。

対　　策	内容およびポイント
後継者対策	後継者の選定および後継者の育成
株価対策	株価の引下げ、株式所有割合の調整
納税資金対策	各相続人の納税資金の捻出
遺産分割対策	後継者と後継者以外の相続人とのバランス調整

(5) 自社株対策（生前贈与が中心）の流れ

ⓘ　自社株式の相続税評価額をできるだけ引き下げ、株価を低くする（１株当たりの評価額を下げる）。

⬇

ⓘⓘ　従業員持株会等を利用し、不動産オーナー所有の株式数をできるだけ減少させる。

⬇

ⓘⓘⓘ　減少させたオーナー所有株式の大部分を、後継者を中心とした相続人に「生前贈与」する。

⬇

ⓘⓥ　相続人の贈与税の納税資金は生前贈与を受けた自社株式の一部を持株会社等に「時価」で譲渡して支払原資を確保する。持株会社等は贈与税額に相当する購入資金のみを準備するだけなので大きな負担にならない。

自社株対策は、ほとんどの不動産オーナーの株式を持株会社や相続人に直接譲渡するよりも、相続人への生前贈与を中心に行うほうがより効果的な対策方法になり、自社株対策が生前中に完了することになります。

(6) 配当還元価額で自社株の移転を図る

同族株主であっても相続・贈与・譲渡の仕方を工夫して、配当還元方式で評価し、自社株の移転を図ることができます。例えば、評価対象者が同族株主でも、ⓘ 他に中心的な同族株主がいて評価対象者が中心的な株主でなく、ⓘⓘ 相続・贈与・譲渡により株式を取得した後の保有議決権割合が５％未満でかつ、ⓘⓘⓘ役員でなければ原則的評価方式でなく、配当還元方式を適用することができます。

(7) 配当率を引き下げて自社株評価を低くする

類似業種比準価額方式の場合、年配当金額、年利益金額および純資産価額を類似する上場会社の金額に比準させて求めるため、配当率を引き下げることによって株価は下がります。

この場合の年配当金額の求め方は、２期平均配当金額を用いますが、直前期だけでも無配であれば少しでも株価を引き下げることができます（２年連続無配の場合は、年配当金額はゼロになる）。

(8) 特定会社の適用をはずし類似業種比準価額で評価する

① 土地保有特定会社はずし

「土地保有特定会社」とは、総資産の価額のうちに占める土地等の価額の割合が一定以上の会社をいいます。土地保有特定会社は、原則として純資産価額方式により評価することになりますので、類似業種比準価額方式のほうが低い場合は、土地の保有割合を下げることが必要です。

例えば、借入れをして土地の有効利用も兼ねて建物を新築したり、預貯金や有価証券に運用したりすると土地の保有割合が低下します。

② 株式保有特定会社はずし

「株式保有特定会社」とは、総資産の価額のうちに占める株式等の割合が一定割合以上の会社をいいます。株式保有特定会社の株式は、原則として純資産価額方式で評価しますが、納税義務者の選択で簡易な方法によることもできます。しかし、類似業種比準価額方式のほうが低い場合は、所有株式の売却や不動産の取得などにより株式の保有割合を下げ、特定会社からはずす工夫が必要です。

(9)　3期連続比準要素1（2要素ゼロ）対策

類似業種比準価額の計算1株あたりの「配当金額」、「利益金額」、「純資産価額」のうちいずれか2要素がゼロであり、かつ、3要素を直前々期を基準に計算してもいずれか2要素以上がゼロの会社は、類似業種比準価額（純資産価額が低い場合は純資産価額）×25％＋純資産価額×75％の併用方式により評価することになります（3要素ともゼロの場合は純資産価額方式によります）。

「簿価純資産額」がゼロまたはマイナスの場合は通常赤字会社であり、純資産価額もマイナスの場合が多いと思われますので、株価対策が必要な会社は「簿価純資産額」はプラスである場合が大半です。

そこで、「配当金額」および「利益金額」の2要素が3期連続ゼロになると予想される場合で、当面「利益金額」の赤字が続くと見込まれ、類似業種比準価額が有利なときは、過年度の別途積立金などを原資として配当決議によって、3期連続2要素以上ゼロを回避することが大切です。

「配当金額」は直前期末以前2年間の平均額で計算しますので少なくとも、3年に一度、1株50円あたり2円の配当をするか、3年のうち少なくとも2年は連続して1株50円あたり1円以上の配当をする必要があります。

(10)　従業員持株会に対する第三者割当増資を実施する

1株あたりの純資産価額を引き下げる方法として、従業員持株会への第三者割当増資により、株式数を増やして純資産価額を引き下げる方法があります。

⑾　不動産等の売却損の計上

地価や株価の下落により会社の含み損を抱えている場合には、その含み損の計上は利益金額を圧縮し、類似業種比準価額の引き下げに効果的です。

⑿　同族会社への貸付債権の放棄

同族会社に対する貸付金は社長が亡くなれば相続財産に含まれ、相続税の課税対象になるため、この債権を放棄し相続財産からはずすようにします。

この場合、会社側においては債務免除益が発生し、税務上の繰越欠損金があればこれと相殺され、その範囲内であれば法人税は課税されませんが、繰越欠損金以上の債務免除益が発生する場合には、法人税は課されます。

注意点としては、社長の債権放棄により同族会社の純資産価額がその債務免除だけ増加することになるので、株式の価額が上がった場合には、その上がった部分の価額は、社長から他の同族株主への贈与とみなされ贈与税が課税されることになりますので注意が必要です。

⒀　同族会社に対する貸付金を資本金に振替

同族会社に対する貸付金の債権放棄は、同族会社に税務上の繰越欠損金がある場合に株価が上がらなければ効果的です。しかし、繰越欠損金がない場合は、貸付債権を資本金に（増資）振り替えることによっても相続税評価額を軽減できます。ただし、増加資本金は貸付債権の時価とされるため、貸付債権の簿価と時価との差額は債務免除益として同族会社に課税が行われるので注意が必要です。

10 優良会社の株価を下げる最大のポイントとは

会社の株価を下げるポイントを記載しましたので、自社で対策が可能かどうかを確認しましょう。

① 利益を計画的に小さくする。

② 後継者の会社に高収益部門を事業譲渡して、利益を分散する。

③ 損益性の高い生命保険を活用する。

④ 生前退職金を支給する。

⑤ オペレーティング・リースなどの金融商品を活用する。

⑥ 営業部門を子会社へ分割し、本体会社をその管理会社にして、利益を分散する。

⑦ 兄弟で会社を分割し、利益を分散する。

⑧ 役員報酬を増額する。

⑨ 不良債権等の償却、含み損のある土地等の資産の売却、設備計画の償却資産の購入等を実施する。

11 土地保有特定会社に該当している場合の対策

その資産構成を組み換えることにより土地保有特定会社からの脱出を図り、かつ相続税の納税資金の準備をかねて養老保険に加入するなどの自社株対策を検討します。その結果、土地保有特定会社に非該当になれば、類似業種比準価額方式で評価することができ、株価が下がります。

12 固定資産税の節税

不動産を所有しているだけで、毎年、発生する税金として考えられるのが、固定資産税です。

さらに、その不動産を他人に貸し付けると、毎年の確定申告による所得税は当然ですが、事業税や消費税がかかることもあります。

不動産投資をしている方との相談の中で、所得税は気にしている方は多いのですが、それ以外はあまり相談されません。

ほとんどの方は固定資産税、事業税、消費税は、節税できない経費だと思っているか、もしくは、あまり大きな金額だとは思っていないようです。そのため、不動産投資によって、資金繰りが苦しくなっても、これらを削減する相談はほとんどありません。

そこで固定資産税の節税について考えてみたいと思います。

(1) 固定資産税

固定資産税とは、毎年1月1日（「賦課期日」という）に、土地、家屋、償却資産（これらを総称して「固定資産」といいます）を所有している人がその固定資産の価格をもとに算定された税額をその固定資産の所在する市町村に納める税金です。

【固定資産税の計算方法】

固定資産税評価額　×　税率（1.4%）　＝　固定資産税

(2) 都市計画税

都市計画税とは、都市計画事業または土地区画整理事業に要する費用にあてるために市街化区域内の土地、家屋の所有者に課税されるものです（償却資産には課税されません）。

なお、税率は全国一律ではありません。0.3%を上限として各市町村が条例で設定することができます。

各地方自治体によって税率・軽減率などが異なる場合がありますので、正確な情報は各自治体にお問い合わせください。なお、評価額に関しても毎年変動することもありますので、各地域の役所でご自身の評価を調べておいたほうがよいでしょう。

(3) 固定資産税・都市計画税の軽減効果

更地・青空駐車場に比べ、アパート・マンションなどの敷地（住宅用地※という）については、税負担を軽減する目的から課税標準の特例措置が設けられています。住宅用地の区分に応じ、下記のとおり算出されます。非住宅用地に比べて結果として大幅に税額が減額されます。

住宅用地の区分		課税標準額	
		固定資産税	都市計画税
小規模住宅用地	住宅１戸につき200m^{2}までの部分	価格×１/６	価格×１/３
一般住宅用地	小規模住宅用地以外の住宅用地	価格×１/３	価格×２/３

※住宅用地とは、専用住宅（専ら人の居住の用に供する家屋）の場合には、その敷地の用に供されている土地で、その上に存在する家屋の総床面積の10倍までの土地をいいます。店舗併用住宅などの場合には面積に一定の制限が入ります。

①　１月１日時点で判定される

固定資産税は、１月１日時点の状況で、それを保有している人に課税されます。１月１日より前に、建物が消滅すれば、固定資産税はかかりません。そこで、「更地にして、不動産売却をするならば、１月１日より前に建物を壊したほうがよいのでは？」と、単純に考えてはいけません。

１月１日時点で、住宅用地であれば、固定資産税が３分の

1になります（200m^2までは、6分の1）。そのため、建物が住宅用であれば、1月1日以降に壊すことで、その1年間は住宅用地として、固定資産税が安くなるのです。

なお、1月1日時点で更地であっても、その年中に、新築を建てるならば、事前に課税当局に通知しておけば、住宅用地になります。

② 用途が違う土地を分筆する

固定資産税は、基本的には1筆ごとに評価しています。そのため、用途が違うならば、分筆することで評価を分けることができます。自宅と駐車場の土地が一筆になっていると、固定資産税も一体で評価される場合があります。

駐車場部分は、自宅ではないのに、路線価が20万円の道路に接する土地と評価されてしまいます。そこで、分筆することで、路線価が10万円の土地とみてもらえれば、評価が下がり、固定資産税も減額できます。

この他にも、坪40万円の路線価の土地の幅が4メートル未満であれば、セットバックが必要です。そこで、セットバックした部分も一緒に分筆すれば、道路とみなされて、ゼロ評価となります。

③ アパートの住民が使っている専用駐車場

アパートの敷地は住宅用地として、固定資産税は減額されますが、その隣に、駐車場があったとします。アパートの住民が専用で使っている駐車場は、同じように、固定資産税が安くなるはずです。ところが、分筆されていたり、フェンスがあったり、わかりにくいと、非住宅用地として、100％で課税されていることがありますので確認する必要があります。

また、駅の近くのマンションを事務所として使わせていれば、非住宅用地になります。ただ、改築して、住宅用に限定すれば、住宅用地の特例が使えるようになります。同じように、店舗の後ろに自宅があり、見えないと、すべて非住宅用地として課税されている可能性があります。この点も確認する必要があります。

なお、１階が店舗、２階が住宅という建物もあります。もし、居住用の床面積が２分の１以上であれば、土地全体が住宅用地とみなされ、居住用の床面積が４分の１以上で、２分の１未満であれば、土地全体の50％が住宅用地とみなされます。

④　地方特有の特例

固定資産税は、地方税ですから、その地域で特別に、減税されている場合があります。例えば、東京では、個人事業主を支援するために、東京23区内の事務所や店舗などの小規模な非住宅用地に対して、固定資産税を20％減免しています。ただし、200 m^2 までの土地で、かつ申請が必要となります。

各地域で、特例がある場合がありますので、必ず確認してください。東京都もそうですが、自分から申請しないかぎり、減免してくれないことが多いので、注意が必要です。上記以外でも、固定資産税は、登記簿をもとに計算されるため、実測の結果、面積が小さければ固定資産税は安くなります。

第８章

近時の相続制度関係の民法改正

第8章 ここがポイント

✔ 配偶者の居住権を保護するための方策

配偶者（妻や夫）の居住権がより強く保護されるようになった。

配偶者の居住権は、次の２つに分類される。

①　配偶者短期居住権

②　配偶者居住権

✔ 遺産分割等に関する見直し

遺産分割に関する改正点は、次の３つ。

①　配偶者保護のための方策（持戻免除の意思表示推定規定）

②　仮払制度等の創設・要件明確化

③　遺産の分割前に遺産に属する財産を処分した場合の遺産の範囲

✔ 遺言制度に関する見直し

①　自筆証書遺言の方式緩和

②　遺言執行者の権限の明確化

③　公的機関（法務局）における自筆証書遺言の保管制度の創設

✔ 遺留分制度に関する見直し

改正前民法では、特別受益にあたる贈与は、期間制限なく、遺留分算定においてその価額を算入するが、改正後は、相続開始前10年以内という制限がつく。

✔ 相続の効力等に関する見直し

法定相続分を超える部分の承継については登記等の対抗要件を備えなければ第三者に対抗できない。

✔ 相続人以外の者の貢献を考慮するための方策

相続人以外の親族（特別寄与者）が、被相続人の療養看護等を行った場合に、一定の要件の下で、相続人に対して金銭（特別寄与料）の支払いを請求することができる特別の寄与制度が新設された。

✔ 長期間経過後の遺産分割の見直し

相続開始から10年を1つの契機として、遺産分割を促進するしくみを創設。原則として、相続開始時から10年経過した後は、法定相続分または指定相続分を分割の基準とし、具体的相続分を適用しない。

✔ 遺産共有持分が含まれる共有物の分割手続の見直し

従来、遺産分割の手続きを行う時期には制約はなく、かつ遺産共有については共有物分割訴訟は認められていなかった。これが、分割されないままになっている大量の土地を生み出す原因。そこで、相続開始から10年が経過した場合、相続人から異議等がなければ共有物分割訴訟のみで遺産共有持分の分割ができるようになった。

✔ 相続財産の管理に関する規律の見直し

相続財産が適切に管理されていない場合には、第三者を管理人に指定し、管理がなされるべきだが、従来は、民法上管理人が選任される場面は限定的だった。改正では「相続が開始すれば、相続の段階にかかわらず、いつでも、家庭裁判所が相続財産管理人を選任することができる」という包括的な定めが設けられた。

✔ 相続放棄と相続財産管理制度の見直し

相続放棄者が放棄時に相続財産を占有しているときには、相続人または相続財産精算人に対してその財産を引き渡すまでは自己の財産におけるのと同一の注意をもってその財産を保存しなければならないことも明記された。

✔ 相続財産の清算に関する規律の見直し

相続人が不明な場合等における公告手続きが合理化され、短期間で手続きを完了できるようになった。

第8章

近時の相続制度関係の民法改正

近時の民法改正は債権法の改正等大きな改正が多くありますが、この章では近時の民法改正のうち、相続に関する事項についてのみ簡単に記載しました。

平成30年7月に、相続法制の見直しを内容とする「民法及び家事事件手続法の一部を改正する法律」と、法務局において遺言書を保管するサービスを行うこと等を内容とする「法務局における遺言書の保管等に関する法律」が成立しました。

民法には、人が死亡した場合に、その人（被相続人）の財産がどのように承継されるかなどに関する基本的なルールが定められており、この部分は「相続法」などと呼ばれていますが、昭和55年に改正されて以来、大きな見直しはされてきませんでした。

しかし、この間我が国における平均寿命は延び、社会の高齢化が進展するなどの社会経済の変化が生じており、このような変化に対応するために改正内容が大きく見直されています。

近年、相続しても不動産の遺産分割協議や土地の名義変更をせずに放置される事例が増加し、所有者不明土地が数多く発生して社会問題化していました。そこで、できるだけ早く遺産分割協議が行われて土地の名義変更などが行われるように、法改正が行われました。

所有者不明土地とは、所有者が不明な土地・所有者が判明していてもその所在が不明な土地のことを指し、民法の改正とともに不動産登記法等の改正も行われました。民法では、所有者不明土地の利用・管理を行いやすくするため諸制度（共有制度・財産管理制度など）の見直しが行われ、所有者不明土地を利用しやすくなるような改正がなされています。

所有者不明土地は、今や国土の20％以上といわれており、不動産取引や不動産管理を行う際に問題となる事例も多くなっています。所有者不明土地の中には長期にわたり放置されているものもあり、相続の際、問題となることが多くあることが予想されます。

第１節は、平成30年改正の中で相続に関する部分について解説し、第２節は、令和３年改正の中でも土地所有者に関連する民法の改正部分について簡単に解説をします。

●第１節　平成30年改正

民法のうち相続に関する規定が約40年ぶりに見直された改正民法が、令和２年７月までに順次施行されています。主な内容と施行の時期は、以下のようになっています。この改正では配偶者の居住権、遺産分割、遺言、遺留分、相続の効力、相続人以外の者の貢献という重要な項目が改正をされています。

■改正法の施行期日

改正法の施行日は項目によって異なります。

○原則　令和元年７月１日

○例外

⑴　自筆証書遺言の方式緩和…平成31年１月13日

⑵　配偶者の居住の権利………令和２年４月１日

⑶　自筆証書遺言の保管制度…令和２年７月10日

■経過措置

○原則　施行日前に開始した相続には適用されません。

○例外

⑴　持戻免除の意思表示の推定規定

施行日（令和元年７月１日）前にされた遺贈・贈与には適用されません。

⑵　自筆証書遺言の方式緩和

施行日（平成31年１月13日）前にされた自筆証書遺言には適用されません。

⑶　配偶者居住権

施行日（令和２年４月１日）前にされた遺贈には適用されません。

1　配偶者居住権

(1)　配偶者の居住権を保護するための方策

自分が死んだ後、配偶者に安心して老後を過ごしてもらうために、自宅に住み続けることができるようにしておきたいと希望したとします。しかし、遺留分の制約や均分相続の要請等により、自宅の全部または一部を、配偶者以外の相続人に承継せざるを得ないケースもあります。

こうした背景から平成30年相続法の改正により、配偶者の居住権を保護するため、配偶者居住権の規定が設けられました。新制度は①配偶者居住権と、②配偶者短期居住権の２つからなります。

居住建物の所有権を遺産分割において生存配偶者に取得させてしまうと、それ以外の財産を取得できず老後の生活資金を十分に確保できないという問題が生じます。①の配偶者居住権は、これに対応するため、被相続人の遺言、遺産分割協議または遺産分割審判によって、生存配偶者に所有権ではなく無償で使用収益する権利（配偶者居住権）を取得させることができる制度です。

配偶者居住権の具体例

相続財産は、自宅（3,000万円）と現金（3,000万円）。
２人の相続人（配偶者・子）が法定相続する場合

【自宅の所有権を取得する場合】		【配偶者居住権を取得する場合】		
〈相続分〉		〈相続分〉	配偶者は現金も相続できる	
配偶者	自宅3,000万円	配偶者	配偶者居住権	1,500万円
			現金	1,500万円
			計	3,000万円
子	現金3,000万円	子	居住権負担付不動産	1,500万円
			現金	1,500万円
			計	3,000万円

この事例のように配偶者は一定の現金を取得することにより、安心して老後を生活することができるようになります。

②の配偶者短期居住権は、相続開始時に生存配偶者が居住建物に無償で住んでいた場合に、遺産分割により居住建物の帰属が確定するまでの間または相続開始の時から6カ月間のいずれか長い期間中、生存配偶者に対して居住建物に無償で住み続ける権利を与えるものです。

配偶者短期居住権は、被相続人の死亡により、突如、自宅を明け渡す必要が生じた配偶者を保護するための権利です。

実務上は配偶者居住権を利用することが多いので、以下は配偶者居住権について記載します。

(2) 配偶者居住権として定められた内容 ～配偶者居住権の内容・成立要件等

① 配偶者居住権の内容等

配偶者は、被相続人の有していた建物に相続開始のときに居住していた場合において、次の場合にはその居住建物の全部について無償で使用および収益をする権利（配偶者居住権）を取得します（改正民法1028条。以下、「新法」と表記します）。

i） 遺産の分割によって配偶者居住権を取得するものとされたとき（遺産分割協議による場合）

ii） 配偶者居住権が遺贈の目的とされたとき（遺言による場合）

ただし、被相続人が相続開始のときにその居住建物を配偶者以外の者と共有していた場合は取得できません。つまり、居住用建物が子等との共有になっていると取得できません。

iii） 審判による配偶者居住権の取得

遺産分割の請求を受けた家庭裁判所は、次に掲げる場合に限り、配偶者が配偶者居住権を取得する旨を定めることができます（新法1029条）。

・共同相続人間に配偶者が配偶者居住権を取得することについて合意が成立しているとき。

・配偶者が家庭裁判所に対して配偶者居住権の取得を希望する旨を申し出た場合において、居住建物の所有者の受ける不利益の程度を考慮しても、なお配偶者の生活を維持するために特に必要があると認めるとき。

②　配偶者居住権の存続期間

配偶者居住権の存続期間は配偶者の終身の間とされます（新法1030条）。ただし、遺産の分割の協議もしくは遺言に別段の定めがあるとき、または家庭裁判所が遺産の分割の審判において別段の定めをしたときは、その定めるところによります。

(3)　配偶者居住権の効力等の特徴

①　配偶者居住権の登記

居住建物の所有者は、配偶者に対し、配偶者居住権の設定の登記を備えさせる義務を負い、配偶者居住権を登記したときは、居住建物について物権を取得した者その他第三者に対抗することができます（新法1031条）。

②　配偶者による使用および収益

i）配偶者は、従前の用法に従い、善良な管理者の注意をもって、居住建物の使用および収益をしなければなりません（新法1032条１項）。

ii）配偶者居住権は、譲渡することができません（新法1032条２項）。

iii）配偶者は、居住建物の所有者の承諾を得ずして、居住建物の改築・増築または第三者に居住建物の使用もしくは収益をさせることができません（新法1032条３項）。

③　居住建物の修繕等

ⅰ）配偶者は、居住建物の使用および収益に必要な修繕をすることができます（新法1033条１項）。

ⅱ）居住建物の修繕が必要である場合において、配偶者が相当の期間内に必要な修繕をしないときは、居住建物の所有者は、その修繕をすることができます（新法1033条２項）。

④　居住建物の費用の負担

ⅰ）配偶者は、居住建物の通常の必要費を負担しなければなりません。

ⅱ）配偶者が居住建物について通常の必要費以外の費用を支出したときは、居住建物の所有者は、民法の規定に従い、その償還をしなければなりません（新法1034条）。

固定資産税の納税義務者は原則として固定資産の所有者とされており、配偶者居住権が設定されている場合であっても、居住建物の所有者が納税義務者になるものと考えられます。新法においては、居住建物の通常の必要費は配偶者が負担することとされており、固定資産税は通常の必要費にあたると考えられます。したがって、居住建物の所有者は、固定資産税を納付した場合には、配偶者に対して求償することができると考えられます。

(4)　配偶者居住権の消滅および居住建物の返還

①　配偶者居住権の消滅

ⅰ）配偶者居住権は、その存続期間の満了前であっても、配偶者が死亡したときは、消滅します（新法1030条）。

ⅱ）配偶者が上記〔配偶者居住権の効力〕の「配偶者による使用および収益」における規定に違反した場合において、居住建物の所有者が相当の期間を定めてその是正の勧告をし、その期間内に是正されないときは、居住建物の所有者は、当該配偶者に対する意思表示によって配偶者居住権を消滅させることができます（新法1030条ただし書）。

② 居住建物の返還

配偶者は、配偶者居住権が消滅したときは、居住建物の返還をしなければなりません（新法1035条）。

(5) 配偶者居住権制度の利用例

自宅建物を所有する被相続人は、遺言によって配偶者に配偶者居住権を取得させてその居住権を確保し、その所有権を子に取得させることができます。

事　例

事例では、被相続人が遺言によって自宅の所有権を配偶者に取得させた場合には、配偶者が死亡すると、その自宅は子Ｂが相続することになってしまいます。この場合に、被相続人が遺言によって配偶者に配偶者居住権を、子Ａにその所有権を取得させることとすれば、配偶者の死亡後に、子Ａはなんら制約のない完全所有権を取得することになります。

(6) 相続税法の配偶者居住権の評価方法

① 相続税法で規定された相続税における配偶者居住権の価額

配偶者居住権は、建物に対して及ぶほか、その建物の敷地に対しても及ぶとされており、その評価方法が法定化されました（相続税法23条の２）。

配偶者居住権の評価額は、現時点での不動産の価額と、将来の配偶者の予想死亡時の不動産の価額の差額となります。将来受け取る資産と今受け取る資産では、今受け取る資産のほうが価値は高いので、将来受け取る資産の価額については現在価値に割り引いて評価します。土地については減価償却しないため現時点の相続税評価額を現在価値に割り引いて評価し、建物については、配偶者の生存中も価値が下落していくことから、減価償却部分を考慮した将来の価額を計算して、その価額を現在価値に割り引いて評価することになります。

②　具体的な算定方法

【建物側】

○配偶者居住権の価額

居住用建物の価額 － 居住用建物の価額 × $\dfrac{(\text{耐用年数}-\text{経過年数})-\text{存続年数}}{(\text{耐用年数}-\text{経過年数})}$ × 存続年数に応じた民法の法定利率（３%）に基づく複利現価率

○建物の所有権部分の価額

建物の価額 － 配偶者居住権の価額（注４）

【土地側】

○敷地利用権の価額

土地等の価額 － 土地等の価額 × 存続年数に応じた民法の法定利率（３%）に基づく複利現価率

○土地の所有権部分の価額

土地等の価額 － 敷地利用権の価額

（注１）上記の「建物の価額」および「土地等の価額」は、それぞれ配偶者居住権が設定されていない場合の建物の時価または土地等の時価とし、賃借権が設定されている場合にはその控除後とする。なお、この「時価」とは、建物の一部が賃貸されている場合または相続人が相続開始の直前においてその建物を配偶者と共有している場合には、その建物のうち賃貸の用に供されていない部分または被相続人の持分の割合に応ずる部分の価額となる。

（注２）上記の「耐用年数」とは、居住建物の所得税法に基づいて定められている耐用年数（住宅用）に1.5を乗じて計算した年数をいう。

（注３）上記の「存続年数」とは、次に掲げる場合の区分に応じそれぞれ次に定める年数をいう。

⑴ 配偶者居住権の存続期間が配偶者の終身の間である場合　配偶者の平均余命年数（厚生労働省完全生命表：四捨五入）

⑵ ⑴以外の場合　遺産分割協議等により定められた配偶者居住権の存続期間の年数（配偶者の平均余命年数を上限とする。）

（注４）上記「建物の価額－配偶者居住権の価額」の算式中、分母または分子が０（ゼロ）となる場合には０（ゼロ）とする。

（注５）「民法の法定利率」は、当面３％とされている（令和２年４月１日以後）。

⑺ 適用時期

この改正は、令和２年４月１日以後に相続または遺贈により取得する財産に係る相続税について適用されます。

⑻ 民法の法定利率

配偶者居住権の評価に用いる民法の法定利率は、民法（債権法）の改正により、年３％（改正前、年５％）となります（新法404条）。ただし、法定利率を３年ごとに見直す変動制が導入されるため、課税時期によっては適用すべき法定利率が３％にならない場合があるので留意が必要です。民法（債権法）に関する改正の施行日は、配偶者居住権に関する民法改正の施行日と同じ令和２年４月１日となっています。

(9)　配偶者居住権が設定されている建物の敷地に係る相続税の小規模宅地等の特例の適用

小規模宅地等の特例は、土地および土地の上に存する権利を対象としているため、配偶者居住権に基づく宅地（敷地）の利用権についても同特例が適用できます。

選択特例対象宅地等が、建物の敷地（所有者部分）と配偶者居住権に基づく敷地の利用権である場合には、それぞれの価額の比により按分して適用面積を計算します。

$$\text{特例の適用面積} = \frac{\text{選択適用する分母のいずれかの価額}}{\text{敷地の所有権部分の価額} + \text{敷地の利用権部分の価額}}$$

(10)　配偶者の死亡により配偶者居住権が消滅した場合の課税関係

配偶者が死亡すると、配偶者居住権は消滅し、そうするとその目的とされた土地建物は完全所有権の価額に復元します。配偶者居住権は、一身専属的な権利であり、相続性はないため、配偶者の死亡により配偶者居住権が消滅しても、配偶者から土地建物の所有者に財産的価値の移転はありません。このように解することにより配偶者が死亡しても相続税の課税関係は生じません（財務省「令和元年度税制改正の解説」503頁）。

(11)　配偶者より先に所有者が死亡した場合

配偶者より先に居住建物の所有者が死亡した場合には、居住建物の所有権部分について所有者の相続人に相続税が課されます。この場合、配偶者居住権は存続中ですので、所有者の相続開始時において上記の所有権部分と同様に評価します（居住建物の敷地についても同様です）。なお、居住建物の所有者から所有権部分の贈与があった場合も同様に贈与税が課税され、その課税価格は贈与時点における居住建物の評価額から配偶者居住権部分の評価額を控除した金額となります。

⑿　配偶者の生存中に配偶者居住権が消滅した場合の課税関係

配偶者居住権は、当初設定した存続期間をその中途で変更することができないと解されていますが、配偶者が放棄をすること、配偶者と所有者との間の合意により解除することが可能と解されます。また、配偶者が一定の用法遵守義務に違反した場合には、居住建物の所有者は、配偶者居住権を消滅させることができます。配偶者が生存中でも、配偶者居住権が消滅する場合があります。配偶者居住権が消滅すると、その目的とされた土地建物は完全所有権の価額に復元します。その場合には配偶者から土地建物の所有者に財産的価値が移転することになります。

これは、配偶者居住権が消滅したことにより所有者に使用収益する権利が移転したものと考えられることから、相続税法9条の規定により配偶者から贈与があったものとみなして居住建物の所有者に対して贈与税が課税されることになります。

⒀　遺産の分割に関しての留意事項

配偶者居住権が付された不動産の相続税課税財産は、土地建物所有者と配偶者居住権を保有する配偶者に課税されることが明確になりました。また、評価方法も相続税法で法定されたことにより今後は実務で利用されることになるでしょう。

配偶者居住権は消滅することによって、土地建物所有者は完全所有権になりますが、そのときに特に課税関係は生じません。配偶者から土地建物所有者への贈与という課税がなされないとしたら、将来のことも想定して税務シミュレーションをしておく必要が出てきます。

相続人の仲が良かった場合には、相続人全員で税効果を考慮して、相続税負担が少ない配偶者居住権を設定するほうがよいとされる納税者はいます。本来の設定の趣旨とは違い、税負担の軽減を第一に要望されるかもしれません。

もし、一次相続で配偶者居住権を設定しないで、短期間で二次相続が発生してしまったような事態となれば、一次二次相続合わせると相続税額が配偶者居住権を設定した場合よりも増額になるケースが起こり得ますので留意が必要です。

2 遺産分割等に関する見直し

遺産分割に関する改正点には、次の３つがあります。

①　配偶者の場合は特別受益の持戻免除の意思表示が推定されるようになりました。 ②　遺産分割前に預貯金の仮払いを受けられるようになりました。 ③　分割前に遺産を処分した相続人の具体的相続分から利益分が差し引けるようになりました。

(1)　特別受益の持戻免除の意思表示が推定

高齢な配偶者の生活保護を目的として、婚姻期間が20年以上経った配偶者に、自宅を生前贈与してあった場合または遺言で相続させた場合、今までは相続財産に生前贈与財産などを加えて遺産を分割しますが、改正後は相続財産に加えない旨を意思表示した（持戻免除）として取り扱うようになりました。

① 従来制度

贈与等を行ったとしても、原則として遺産の先渡しを受けたものとして取り扱うため、配偶者が最終的に取得する財産額は、結果的に贈与等がなかった場合と同じになり、被相続人が贈与等を行った趣旨が遺産分割の結果に反映されませんでした。

② 改正点

婚姻期間が20年以上の夫婦の一方である被相続人が配偶者に対して居住建物を遺贈または贈与したときに持戻しの免除があったと推定するものです（新法903条4項）。これにより、生存配偶者が遺産分割においてより多くの財産を取得できるようになりました。婚姻期間が20年以上である夫婦間で居住用不動産（居住用建物またはその敷地）の遺贈または贈与がされた場合については、原則として、遺産分割における配偶者の取り分が増えることになります。

③ 持戻し

持戻しとは、相続人が亡くなった方から財産の贈与を受けていた場合や遺言で相続した場合には、その贈与を受けた財産や遺言で相続した財産の相続開始時点の価額を相続財産に加えたものを相続財産とみなして、具体的な相続分を決めて遺産分割することをいいます。この財産をもらった人を「特別受益者」、もらったものを「特別受益」といいます。

【払戻しの例】

相続人	配偶者と子２名（長男と長女）
遺産	居住用不動産（持分２分の１）2,000万円（評価額）
その他の財産	6,000万円
配偶者に対する贈与	居住用不動産（持分２分の１）2,000万円

[改正前]

配偶者の取り分を計算するときには、生前贈与分についても相続財産とみなされるため、(8,000万円＋2,000万円)×1/2－2,000万円＝3,000万円となり、相続のときの取得額は、3,000万円＋2,000万円＝5,000万円となります。結局、生前に贈与をした場合とそうでなかった場合とで、最終的な取得額に差異がないことになります。

[改正後]

生前贈与分について相続財産とみなす必要がなくなる結果、配偶者の遺産分割における取得額は、8,000万円×1/2＝4,000万円となり、配偶者が取得した財産は、4,000万円＋2,000万円＝6,000万円となり、居住用不動産の贈与は影響を受けません。

(2)　預貯金の払戻制度の創設

預貯金が遺産分割の対象となる場合に、各相続人は、遺産分割が終わる前でも、一定の範囲で預貯金の払戻しを受けることができるようになりました。

①　従来制度

預貯金債権が共同相続された場合に、預貯金債権も遺産分割の対象財産に含まれ、遺産分割が終了するまでの間は共同相続人全員の同意がなければその払戻しを受けることはできないため、遺産分割が終了するまでの間は、相続人単独では預貯金債権の払戻しができませんでした。

そのため相続開始後の葬儀費用や医療費の支払いなど資金需要があるにもかかわらず、被相続人の預貯金が使えないという不都合が生じていました。

② 改正点

一定要件の下で遺産分割終了前に預貯金債権の一定割合の払戻しを認める制度を新設し、預貯金債権の仮分割の仮処分に限りその要件を緩和するものです（新法909条の２）。

㈠ 家庭裁判所の判断を経ずに払戻しが受けられる制度の創設

遺産に属する預貯金債権のうち、一定額については、単独での払戻しが可能となります。

$$\text{（相続開始時の預貯金債権の額（口座基準））} \times \frac{1}{3} \times \text{（当該払戻しを行う共同相続人の法定相続分）} = \text{単独で払戻しをすることができる額}$$

（例）相続人が長男と次男の２名の場合

預金600万円　→　長男100万円払戻し可

$$600\text{万円} \times \frac{1}{3} \times \frac{1}{2}\text{（長男の相続分）} = 100\text{万円}$$

※ただし、１つの金融機関から払戻しが受けられるのは150万円までです。

㈡ 保全処分の要件緩和

仮払いの必要性があると認められる場合には、他の共同相続人の利益を害しない限り、家庭裁判所の判断で仮払いが認められます。実際にどのくらいの仮払いが認められるのかは、まだ不明の段階です。

上記から、葬式費用のように小口の資金需要については㈠の方策により、限度額を超える比較的大口の資金需要がある場合に、相続税の納税資金については㈡の方策を用いることになるものと考えられます。

(3) 分割前に遺産を処分した相続人の具体的相続分から利益分が差し引けるようになる

遺産の分割前に共同相続人の１人が遺産に属する財産を処分した場合に生じる不公平を是正するため、共同相続人全員（処分を行った者は除く）による同意を条件として、処分された財産を遺産に組み戻し、不当な出金がなかった場合と同じ結果を実現できるようにするものです（新法906条の２）。

相続が発生すると銀行預金が凍結されてしまうため、生前に預金をおろしてしまうことはよく行われることです。新法では相続人の誰かが遺産分割前に亡くなった方の財産を処分してしまった場合であっても、その処分をしてしまった相続人の同意なく、他の相続人の同意により、その処分された財産が遺産分割時に存在するものとして相続財産を分割することができます。

処分した財産が相続開始時に亡くなった方の財産であったことが条件のため、亡くなった方の生前に処分してしまった財産は対象外です。

また、相続人の１人または数人が亡くなった方の財産を処分した場合、その処分した相続人以外の相続人の全員が処分した財産を遺産分割の対象とすることに合意していることが必要です。その処分をした相続人の同意は必要ありません。

3　遺言制度の見直し

遺言制度について主な改正項目は次の３点です。

①　自筆証書遺言の方式の緩和 ②　遺言執行者の権限の明確化 ③　公的機関（法務局）における自筆証書遺言の保管制度の創設

(1)　自筆証書遺言の要件緩和

①　遺言の種類

遺言には①自筆証書遺言、②公正証書遺言、③秘密証書遺言の３種類があります。「自筆証書遺言」は自分で書くので、費用もかからず手軽ですが、書き方や内容の不備があると無効になることもあるので注意が必要です。

遺言を見つけたら、家庭裁判所で「検認」の申立てを行います。これは被相続人本人が書いたものかを確認し、利害関係者に内容を知らせる際の偽造や変造を防いで、確実に保存する手続きです。検認は遺言が有効か、または内容が適正かどうかを判断するものではありません。

遺言を発見したのに、検認の手続きをせずに、遺言を執行したりすると、５万円以下の過料が科せられます。また発見の際に、封がされていた遺言書を検認を受けずに開封した場合も、遺言書の内容が無効になるわけではありませんが、５万円以下の過料が科せられます。

検認を怠り、相続人や利害関係者に不利益が生じた場合は、損害賠償責任が生じることもあるので、注意が必要です。遺言書を隠匿したり、偽造、変造したりした場合は、相続権を剥奪され、刑事責任を問われます。

② パソコンやコピーで自筆証書遺言を作成

改正前民法では自筆証書によって遺言をするには、遺言者がその全文、日付および氏名を自書し、これに印を押さなければなりませんでした。自筆証書遺言は、遺言事項と添付書類である財産目録で構成され、高齢者等にとって自筆証書遺言の作成が困難になっている問題に対応するため、財産目録について、パソコンによる作成や、通帳・不動産登記簿の写しの添付による作成ができるようになりました（新法968条２項）。

財産目録とは、財産を特定するために必要な項目を記載したものであり、不動産であれば所在、地番、地積、地目、預金であれば金融機関名、口座番号などを記載する必要があります。

財産目録の作成方法は、ワープロ書きのほか、遺言者以外の者による代筆、不動産の登記事項証明書、預金通帳の写しなどを目録として使用することができます。財産目録が複数ページに及ぶときは、各ページに遺言者の署名と押印が必要となります（新法968条２項）。

⑵ 遺言執行者の権限の明確化

① 遺言執行者

遺言書に書かれた内容を実現させる人を「遺言執行者」といいます。遺言執行者は、相続財産の管理や遺言の執行に必要な行為をする権利と義務を持ち、相続人であっても遺言執行者の活動を妨げることはできません。

遺言執行者にしかできない事項に、相続人の認知や排除、取消があります。動産の名義変更や預金の解約などは相続人でも可能ですが、複雑な書類の作成のほか、相続人が多い場合や、協議が長引きそうなケースでは遺言執行者がいることで、手続きがスムーズになります。

未成年者と破産者を除いて、誰でも遺言執行者になることができます。遺言書を書くときには遺言執行者を指定しておくべきでしょう。

② 遺言執行者の選任

遺言執行者は遺言書で被相続人に指定されている場合があり、その指定されている人に引き受ける意思があるかを確認します。その人が辞退した場合や、遺言で指定がなかった場合は家庭裁判所に遺言執行者の選任の申立てを行います。申立てできるのは相続人、債権者、遺贈を受けた人など利害関係者です。

③ 改正点

解釈上不明な点が多く、紛争も生じていた遺言執行者の権限を明確化するものです。

遺言の内容の実現は、遺言執行者がいない場合には相続人が、遺言執行者がいる場合には遺言執行者が行うことになります。そのため、相続人は遺言執行者の就任の有無につき、重大な利害関係を有しており、遺言執行者から就任の通知がないことで、遺言執行者と相続人との間でトラブルが生じることが少なくありません。遺言執行者がいる場合に、相続人がこれを知る手段を確保するため、遺言の内容を相続人に通知する旨の規定が新設されました（新法1007条２項）。

また、新法では遺言執行者のみが遺贈の履行を行う旨明記されましたので、受遺者は遺言執行者がいる場合には遺言執行者が執行し、遺言執行者がいない場合には相続人を相手方として遺贈の履行請求をすべきことが明らかにされています（新法1012条）。

(3) 自筆証書遺言の保管制度の創設

法務局における自筆証書遺言の保管制度が新設されました。

自筆証書遺言は通常被相続人の自宅で保管されていますが、自宅保管には、遺言書の紛失や相続人による廃棄等による相続紛争の発生という問題が指摘されていました。これらの問題点に対応するために、新法の下、制度が新設されました（遺言書保管法）。

手続きの詳細については、政省令で定められています。

自筆証書遺言を作成した方は、法務大臣の指定する法務局に遺言書の保管を申請することができます。作成した本人が遺言書保管所に来て手続きを行う必要があります。

遺言者の死亡後に、相続人や受遺者らは、全国にある遺言書保管所において、遺言書が保管されているかどうかを調べること（「遺言書保管事実証明書」の交付請求)、遺言書の写しの交付を請求すること（「遺言書情報証明書」の交付請求）ができ、また、遺言書を保管している遺言書保管所において遺言書を閲覧することもできます。

遺言書保管所に保管されている遺言書については、家庭裁判所の検認が不要となります。遺言書の閲覧や遺言書情報証明書の交付請求がされると、遺言書保管官は、他の相続人等に対し、遺言書を保管している旨を通知します。

遺言書の保管の申請は、遺言者の住所地もしくは本籍地または遺言者が所有する不動産の所在地を管轄する遺言書保管所（法務大臣の指定する法務局）の遺言書保管官（法務局の事務官）に対してすることができます。

保管の申請の対象となるのは、自筆証書による遺言書のみです。また、遺言書は、封のされていない法務省令で定める様式に従って作成されたものでなければなりません。

なお、具体的な様式については、令和２年６月18日に法務省ホームページにて公表されました。遺言書の保管の申請、遺言書の閲覧請求、遺言書情報証明書（遺言書の画像情報等を用いた証明書）または遺言書保管事実証明書（法務局における遺言書が保管されているかどうかを証明した書面）の交付の請求をするには、手数料を納める必要があります。

※詳しくは法務省「法務局における自筆証書遺言保管制度について」（https://www.moj.go.jp/MINJI/minji03_00051.html）でご確認ください。

4 遺留分制度の変更

(1) 遺留分減殺請求権から遺留分の侵害額請求権へ

① 遺留分制度

遺留分制度は、被相続人による相続財産の処分の効力を一定の範囲で制限し、一定の割合の相続財産を兄弟姉妹を除く法定相続人（およびその代襲者ならびにその者らの承継人）に留保する制度です。趣旨は、相続制度には遺族の生活保障や遺産形成に貢献した遺族の潜在的持分の清算等の機能があるところ、被相続人の処分行為の内容によってはこれらが実現されない場合があるため、被相続人の相続財産処分の自由を一定程度制限し、相続人を保護することにあるといわれています。

遺留分権利者と遺留分の割合は、以下のように定められています。

遺留分権利者	相続財産に占める遺留分の割合
直系尊属（父母など）のみの場合	3分の1
直系卑属（子など）または配偶者の場合	2分の1

②　金銭債権への変更

遺留分制度については、遺留分減殺請求権により得られる権利を金銭債権とする変更が行われました。改正前民法では、遺留分減殺請求権の行使により不動産や株式について共有状態が生じ、事業承継の支障となっているという指摘がありました。金銭債権とすることにより、共有関係を回避し円滑な事業承継を可能にするとともに、遺贈や贈与をした被相続人の意思を尊重することができるようになりました。

すなわち、遺留分権利者およびその承継人は、受遺者または受贈者に対し、遺留分侵害額に相当する金銭の支払いを請求することができ、請求者に遺留分侵害額に相当する金銭の支払請求権が発生することを明示しました（新法1046条）。この遺留分侵害額請求権は、改正前民法の遺留分減殺請求権と同様に形成権であることを前提としており、その行使によって遺留分侵害額に相当する金銭債権が発生します。

このことにより、遺留分減殺請求に従前のような物権的効力はなくなり、遺贈・贈与された目的財産の共有関係が成立することはなくなりました。また、遺留分権利者が獲得する権利が遺留分侵害額に相当する金銭債権に変化することで、遺贈・贈与を「減殺」する概念はなくなり、表現が改められたことになります。

③　金銭債権化の影響

不動産は共有状態ではなく単独所有になり、株式も準共有とされていたのが、後継者が単独で名義書換の請求が可能となります。しかし、遺留分が金銭債権化されたことにより、受遺者は金銭の用意が必要となります。遺留分権利者が具体的な金額を示して請求した時から履行義務を負い、できない場合には遅滞損害金が発生します。これはある面で改正前民法より遺留分権利者（侵害された者）に有利となることもあります。

遺留分権利者は相続があったことを知った日から１年以内に、遺留分に関する権利を行使し、遺留分侵害額に相当する金銭債務の履行を請求することになります。このときに不動産等の現物で返還するという例外はありません。ただし、双方が合意すれば代物弁済は可能です。

ここで問題となるのが、不動産を処分して代物弁済する場合の課税関係です。従来の遺留分減殺請求権では、共有となり不動産を譲渡したとしても、相続した不動産を譲渡したものとして相続税の取得費加算等の適用はありました。遺留分侵害額の弁済のために不動産を譲渡したとしても、通常の代物弁済のための不動産譲渡とされ、相続財産を移転した場合に譲渡期間（相続税の申告期限から３年以内）等の要件を充たすときは相続税額の取得費加算の特例の対象となります。また、空き家の3,000万円控除の特例についても、遺留分権利者が兄弟姉妹で、譲渡先の制限規定に当たらない場合には適用できると考えられます。

(2) 遺留分の算定方法

遺留分算定に算入する相続人に対する贈与の範囲等の見直しも行われています。

遺留分の算定基礎となる財産の額と遺留分侵害額の計算は違います。遺留分および遺留分侵害額については、次の計算式により算定します。

そして、遺留分侵害額請求権を求める計算式は、次のように定められました（新法1047条）。

① 遺留分の算定の基礎となる財産の額

＋	相続時における被相続人の積極財産の額
＋	相続人に対する生前贈与の額（原則10年に限定されます）
＋	第三者に対する生前贈与の額（原則１年以内）
△	被相続人の債務の額

② 遺留分侵害額

	（遺留分の算定の基礎となる財産の額）	×（相対的遺留分率）×（法定相続分率）		
△	遺留分権利者の特別受益の額（10年に限定されません）			
△	遺留分権利者が相続によって得る積極財産の額	＋	遺留分権利者が相続によって得る債務の額	

(3) 特別受益

「特別受益」とは被相続人から生前に贈与を受けた財産のことです。特別受益とみなされるのは、婚姻や養子縁組のための贈与、高額な学費、事業の開業資金、自宅購入費等の生計の資本としての贈与が含まれます。

今回の改正により、遺留分算定の基礎財産に加える相続人に対する生前贈与が、10年以内にされたものに限定されることになりました（新法1044条）。しかし、「当事者双方が遺留分権利者に損害を加えることを知って贈与をしたとき」は無限定で遡る点に関しては従来と変更ありません。その立証責任は遺留分権利者側が負担することになります。

「損害を加える認識」を認定するためには、贈与当時に遺留分を侵害することを知っていただけでは足りず、「将来においても自己の財産が増加しないことの予見」のもとで贈与がなされたことを必要とするとしています。

したがって10年以上も前の生前贈与であっても、相続対策などの行為自体が加害の認識になる可能性があることには留意が必要です。

5 相続の効力等に関する見直し

(1) 共同相続における権利の承継の対抗要件

相続の効力については、改正前民法の下で相続させる旨の遺言等により承継された財産について、登記なしに第三者に対抗することができるとされていましたが、遺言の内容を知り得ない第三者の利益を害するとの問題がありました。これに対応するため、法定相続分を超える部分の承継については登記等の対抗要件を備えなければ第三者に対抗できないこととされました。

事　例

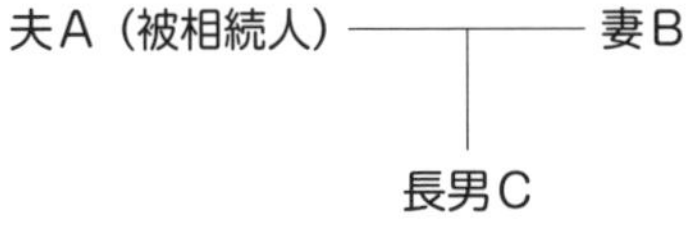

Ａが所有の不動産あり

- 被相続人Ａが亡くなり相続人は配偶者Ｂと長男Ｃ
- Ａが所有の不動産について、妻Ｂが8／10、長男Ｃが2／10という遺言書があったが、長男Ｃが自分の法定相続分である5／10を自己名義としたうえで、第三者Ｘに譲渡し、Ｘは移転登記も済ませてしまった

従来は登記がなくても第三者に対抗できるとされていました。新法では相続人が相続（遺産分割や遺言）により権利を承継した場合、その相続人は自分の法定相続分を超える部分につ

いては、登記、登録その他の対抗要件を備えなければ対抗できないものとされました。「相続させる」旨の遺言による不動産の権利取得や相続人においても、法定相続分を超える部分についてその権利を第三者に対抗するためには対抗要件を備える必要があります（新法899条の２）。

本事例では法定相続分である10分の５については、相続によって権利を取得したことを登記がなくても対抗することができます。他方、法定相続分を超える10分の３については、登記をしていないため、相続による権利を取得したことを第三者に対抗できません。したがって、不動産の10分の３の持分は取り戻すことができません。

(2) 相続分の指定がある場合の債権者の権利の行使

遺言により相続分の指定がされた場合であっても、被相続人の債権者は原則として各共同相続人に対しておのおのの法定相続分に応じた権利を行使することができます。

ただし、例外として、被相続人の債権者が共同相続人のうちの１人に対して、遺言により指定された相続分に応じた債務の承継を承認した場合には、被相続人の債権者は、各共同相続人に対して遺言により指定された相続分に応じた権利を行使することができます。

判例では「相続させる」旨の遺言が相続分の指定を伴う場合は、相続債務も指定相続分どおりに受益相続人承継されるとしつつ、被相続人の債権者が承諾しない限り、その債権者には及ばないとしていました。つまり債務は法定相続分での承継が予定されています。

新法により、相続分の指定によって法定相続分と異なる承継の割合が指定された場合であっても、被相続人の債権者は①各共同相続人に対し、その法定相続分に応じた請求をすることも、②共同相続人の１人に対して指定された割合での債務の承継を承認したうえで、指定相続分に従った請求をすることもできることが確認されました（新法902条の２）。

なお、新法にかかわらず、共同相続人の承継した債務に関する内部負担割合は指定相続分に従うことになります。債権者が共同相続人の１人に対して法定相続分に従った債権の行使をして、その共同相続人が指定相続分を超える弁済をした場合には、その共同相続人は指定相続分を超える部分について他方の共同相続人に対して求償することができます。

事　例

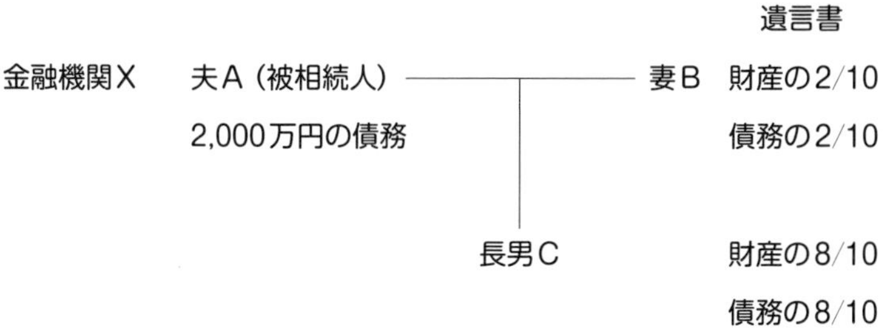

夫Aが亡くなり、遺言書では財産も債務も８対２で相続させるという遺言書を作成していました。

しかし、金融機関Xは長男Cよりも資産の多い妻Bに返済を求めてきました。

本事例で金融機関Xは妻Bに対して、債務の弁済を法定相続分に応じた10分の５で請求することができます。したがって、金融機関Xから妻Bに対して請求をされた場合には、10分の２しか負担しないと主張することはできません。

妻Bが金融機関Xの要求のとおり、10分の５を負担した場合には、長男Cに対しては指定相続分である10分の２を超える部分の10分の３について求償することができます。

(3) 遺言執行者がある場合における相続人の行為の効果等

遺言執行者がいる場合の相続人の行為の効果について、従来は「遺言執行者がある場合には、相続人は、相続財産の処分その他遺言の執行を妨げる行為をすることができない」とされ、判例も相続人が遺言執行の妨げとなる行為をした場合の効果を絶対的に無効と解釈していました。

新法ではこの絶対的無効を改め、善意の第三者には対抗できないとしました（新法1013条）。

事　例

被相続人Ａの相続人は妻Ｂと長男Ｃ。

被相続人Ａの所有している不動産物件Ｘについては、別の女性Ｄに遺贈する旨の遺言書を作成していた。遺言書には弁護士Ｅが遺言執行者とされていた。

しかし、不動産物件Ｘについて弁護士Ｅが名義を女性Ｄにする前に、長男Ｃが自己の名義にしたうえで、第三者Ｆに譲渡をしてしまい、Ｆへの移転登記も済ませてしまった。

この事例では長男Ｃが第三者Ｆに譲渡した行為は、遺言の執行を妨げる行為として無効です。しかし、第三者Ｆはこの譲渡が遺言の執行を妨げるべき行為に該当することを知らなかった善意の場合、この譲渡の無効を第三者Ｆに対抗することができません。

6　特別の寄与の制度の創設～相続人以外の者の貢献を考慮するための方策

(1)　特別寄与分

「寄与分」は被相続人の財産の増加や維持に力を貸した相続人に与えられる相続分です。改正前民法の下では、寄与分は相続人にのみ認められているため、相続人の妻など相続人に該当しない者の寄与は原則として考慮されず、不公平であるとの指摘がありました。

そこで、相続人以外の親族（特別寄与者）が、被相続人の療養看護等を行った場合に、一定の要件の下で、相続人に対して金銭（特別寄与料）の支払いを請求することができる特別の寄与制度が新設されました。

①　従来制度

相続人以外の者は、被相続人の介護に尽くしても、相続財産を取得することができません。

事　例　**亡き長男の妻が、被相続人の介護をしていた場合**

被相続人が死亡した場合、相続人（長女・次男）は、被相続人の介護を全く行っていなかったとしても、相続財産を取得することができる。

他方、長男の妻は、どんなに被相続人の介護に尽くしても、相続人ではないため、被相続人の死亡に際し、相続財産の分配にあずかれない。

② 改正後

相続開始後は長男の妻は、相続人（長女・次男）に対して、金銭の請求をすることができます（新法1050条）。

介護等の貢献に報いることができ、実質的公平が図られることになります。

(2) 協議が調わない場合の手続き

相続人との協議が調わないことやその金額について合意することができないときは、家庭裁判所にて処分を請求することができるものとされました。

(3) 請求できる期間

金銭の支払請求を受ける可能性がある相続人の立場を考慮すれば、できるだけ早期に法律関係を確定させる必要性が認められます。そこで、「相続開始を知ったときから６カ月以内」という短期の消滅時効と、「相続開始の時から１年以内」という除斥期間が設けられました。

(4) 相続税との関係

特別寄与者に対しては、特別寄与料をみなし相続財産として相続税が課税されます。特別寄与料請求権を相続税の課税対象とする場合、特別寄与者は相続人に該当しないことから、相続税額の２割加算が適用されます。

相続人が特別寄与料を負担する場合は、みなし相続債務として相続税の課税価格から控除することになります。

●第２節　令和５年４月施行

令和５年に改正民法が施行されたのは、主に「所有者不明土地」問題に対処するためです。

近年、相続しても不動産の遺産分割協議や土地の名義変更をせずに放置される事例が増加し、所有者不明土地が数多く発生して社会問題化していました。そこで、なるべく早く遺産分割協議が行われて土地の名義変更などが行われるように、今回の法改正が行われたのです。

今回の改正では民法の改正とともに不動産登記法の改正が行われ、相続等により取得した土地所有権の国家への帰属に関する法律（相続土地国庫帰属法）が制定されました。

令和５年不動産関係の民法改正等の概要

■民法改正（令和５年４月１日施行）相隣関係規定の改正など
　①　相隣関係規定の見直し
　②　共有制度の見直し
　③　所有者不明土地管理制度などの創設
　④　相続制度の見直し

■不動産登記法改正（令和５年４月１日施行）
　形骸化した登記の抹消手続きの簡略化など

■相続等により取得した土地所有権の国庫への帰属に関する法律施行（令和５年４月27日施行）
　相続土地国庫帰属制度が開始しました。

以下では、民法の相続法の改正部分を解説します。

1 長期間経過後の遺産分割の見直し

(1) 遺産分割方法の見直し

相続発生後に長期間が経過した後の遺産分割方法が見直されました。

① 従来制度

今までは、不動産などが相続された場合の遺産分割には、特に期限がありませんでした。

相続開始後10年や20年、それ以上の年月が経過していても、相続開始当初と同様に遺産分割協議や調停などができたのです。そこで遺産分割協議にもとづく土地の名義変更がなかなか行われず、所有者不明土地が増加する弊害が生じていました。

② 改正点

今回の法改正では、相続開始から10年で区切り、遺産分割を促進する措置をとりました。具体的には相続開始時から10年が経過した後は、基本的に法定相続分や指定相続分による分割しかできなくなり、具体的相続分が適用されないことになりました（新法904条の3）。

③ 法定相続分とは

法定相続分とは、法律が定めた遺産の取得割合です。例えば、妻が２分の１、２人の子供たちがそれぞれ４分の１ずつ取得する場合などです。これに対して指定相続分とは、遺言によって指定された遺産の取得割合です。

具体的相続分とは、被相続人が死亡するまで介護したり高額な生前贈与を受けたりして、個別の事情がある場合にそういった事情を考慮した遺産の取得割合です。

改正民法施行後は基本的に、特別受益の持戻計算や寄与分を考慮した遺産分割協議ができなくなります。

(2) 改正法の例外

ただし、10年が経過する前に相続人が家庭裁判所に遺産分割請求をしたときは、具体的相続分による分割が可能です（新法904条の3第1項1、2号）。10年が経過する前の6カ月以内に、遺産分割請求をすることができないやむを得ない事由が相続人にあった場合で、その事由が消滅した時から6カ月経過前に、相続人が家庭裁判所に遺産の分割請求をしたとき、また相続人全員が特別受益や寄与分などを考慮した具体的相続分によって遺産分割することに合意した場合にも、特別受益や寄与分を考慮して遺産分割できます。

(3) 改正法はいつから適用されるのか

遺産分割協議に期限を設ける規定は、改正民法の施行日である令和5年4月1日より前に被相続人が死亡したケースでも適用されます。ただし経過措置によって、民法904条の3第1項1号、2号の基準時（家庭裁判所への遺産分割請求）については5年の猶予期間が設けられています。

2 遺産共有持分が含まれる共有物の分割手続の見直し

(1) 概　要

改正民法では、相続によって土地や建物が共有となった場合の取扱いにも変更が加えられています。相続が発生すると、相続開始時から遺産分割が終了するまでの間に、相続された不動産などの遺産は「相続人間での共有状態」になります。これを「遺産共有」といいます。

一方、一般的な不動産の共有状態を「通常共有」といい、遺産共有状態とは異なるものと理解されています。遺産共有は家庭裁判所で審理が行われますが、通常共有は地方裁判所で審理が行われます。

遺産共有状態と通常共有状態が併存する場合、旧民法では、まずは遺産分割を行って遺産共有状態を解消してから共有物分割請求をしないと、共有物の分割ができませんでした。

⑵　遺産共有状態と通常共有状態が併存する場合とは

例えば、ある物件を兄弟が持分２分の1ずつで共有していたところ（通常共有）、兄が死亡して兄の3人の子供が相続した場合を考えてみましょう。この場合、兄の持分については子供たち3人に引き継がれて6分の1ずつの遺産共有となり、弟の持分との関係では通常共有となります。これが遺産共有と通常共有が併存する状態です。

⑶　改正法の内容

遺産分割協議を経ないと共有物分割ができないとすると、共有不動産を分割するのに二度手間になってしまい、当事者に負担がかかります。そこで今回の民法改正により、相続開始から10年が経過すると、相続人から異議等がない限り「共有物分割訴訟」のみによって共有持分の分割請求ができるようになりました（新法258条の2第2項）。

なお共有物分割請求をする場合の分割割合については、特別受益や寄与分を考慮した具体的相続分ではなく、法定相続分や指定相続分が基準となります（新法898条2項）。

3 | 相続財産の管理に関する規律の見直し

改正民法では、相続財産の管理方法についての規定も見直されました。

旧民法では、相続人が不明の場合や、相続人が単純承認してから遺産分割できるまでの期間は財産管理制度を利用できませんでした。そこで相続人が遺産を放置していても保存行為をするための管理人を選任できず、債権者や近隣住人などに損害を及ぼす事例が生じていました。

今回の民法改正により、相続発生時から遺産分割が終了するまでに利用できる相続財産管理制度が創設されました（新法897条の2）。

4 | 相続放棄と相続財産管理制度の見直し

改正法では、相続放棄した場合の相続財産管理制度も見直されました。

これまでは、相続を放棄した人は相続財産を他の相続人や相続財産管理人へ引き渡すまで相続財産についての管理義務があると規定されていました。しかし、管理継続義務の発生要件や内容が明らかでないため、相続の放棄をしたのに過剰な負担を強いられるケースもありました。

そこで改正法では、相続人が相続放棄時に「相続財産を現に占有しているとき」に限り、相続財産の管理義務を負うことが明記されました（新法940条1項）。改正法施行後は、相続財産を現に占有していない相続人の場合、相続放棄しても財産を管理すべき義務を負いません。

5 相続財産の清算に関する規律の見直し

改正法では、相続財産管理人が遺産を清算する場合の手続きも見直されました。

旧民法では、相続財産管理人が遺産の清算を行う際に非常に長い時間と手間がかかっていました。具体的には清算までの間に3回も公告手続をしなければならず、権利関係を確定するまでに最低10カ月以上かかっている状況でした。

このような手続きは非効率なので、今回の改正でより効率的な方法へと変更されています。改正法では公告の手続きも合理化され、相続財産管理人が選任されてから最低6カ月の期間で権利関係を確定できるように変わっています（新法952条2項、957条1項）。

■編　者

JPコンサルタンツ・グループ

■JPコンサルタンツ・グループ組織プロフィール

経営連合化の下に先進会計事務所が専門力を結集させた会計人組織として平成20年に発足。幅広い顧客ニーズに対してワンストップサービス体制を整え、的確に解決策を見出す実践的な手法は評価が高い。組織の母体となる構成事務所は関東全域をはじめ、東海・近畿にわたり、税務戦略、業績改善、組織再編、相続事業承継対策などに多くの実績を有する。特に相続対策をはじめとする資産税業務はグループの中核テーマと位置付け、税務対策全般から納税資金対策・土地活用・物納戦略・遺言活用等に至るまで、その業務範囲は幅広い。さらに講演活動や執筆活動にも積極的に取り組む姿勢は、各方面から賞賛の声が寄せられている。

JPコンサルタンツ・グループ統括本部
東京都千代田区神田錦町3-21ちよだプラットフォームスクウェア

■著　者

戸島　潤吏（はじめに、第４章、第５章）
ペンデル税理士法人　代表社員・税理士
東京都新宿区西新宿6-6-2　新宿国際ビルディング　TEL 03-5990-5910

佐藤　健一（第１章）
税理士法人JPコンサルタンツ　代表社員・税理士
千葉県松戸市本町7-10　ちばぎん松戸ビル　TEL 047-308-5661

友野　由希子（第２章）
友野会計事務所　税理士
埼玉県さいたま市北区日進町3-485-2　TEL 048-666-0756

森瀬　博信（第３章）
税理士法人Soogol　代表社員・税理士
東京都台東区上野3-24-6　上野フロンティアタワー16階　TEL 03-5846-8263

原田　篤志（第６章）
税理士法人みどり会計　代表社員・税理士
神奈川県平塚市宝町12-13　TEL 0463-23-6607

益本　正藏（第７章）
税理士法人 総和　代表社員・税理士・公認会計士
東京都港区南青山3-17-14　中山ビル　TEL 03-5414-5855

成田　一正（第８章）
税理士法人おおたか　特別顧問・税理士・公認会計士
東京都中央区日本橋馬喰町1-1-2　ゼニットビル　TEL 03-5640-6450

4 訂版

不動産管理会社の設立・運営・移行

平成 25 年 3 月 20 日　初版発行
令和 6 年 7 月 20 日　4 訂初版

検印省略

日本法令®

〒 101-0032
東京都千代田区岩本町 1 丁目 2 番 19 号
https://www.horei.co.jp/

編著者	JPコンサルタンツ・グループ
発行者	青　木　鉱　太
編集者	岩　倉　春　光
印刷所	倉　敷　印　刷
製本所	国　宝　社

(営　業)　TEL　03-6858-6967　Eメール　syuppan@horei.co.jp
(通　販)　TEL　03-6858-6966　Eメール　book.order@horei.co.jp
(編　集)　FAX　03-6858-6957　Eメール　tankoubon@horei.co.jp

(オンラインショップ)　https://www.horei.co.jp/iec/
(お 詫 び と 訂 正)　https://www.horei.co.jp/book/owabi.shtml
(書籍の追加情報)　https://www.horei.co.jp/book/osirasebook.shtml

※万一、本書の内容に誤記等が判明した場合には、上記「お詫びと訂正」に最新情報を掲載しております。ホームページに掲載されていない内容につきましては、FAX または E メールで編集までお問合せください。

ISBN 978-4-539-73047-8